TDAH 2.0

Edward M. Hallowell, M.D.
e John J. Ratey, M.D.

TDAH 2.0

Traduzido por Beatriz Medina

SEXTANTE

Este livro traz conselhos e informações relativos aos cuidados à saúde e deve ser usado para complementar – não substituir – a orientação de um médico ou profissional de saúde.

Título original: *ADHD 2.0*

Copyright © 2021 por Edward Hallowell, M.D., and John J. Ratey, M.D

Copyright da tradução © 2024 por GMT Editores Ltda.

Publicado originalmente nos Estados Unidos por Ballantine Books, um selo da Random House, uma divisão da Penguin Random House, LLC, Nova York.

Todos os direitos reservados. Nenhuma parte deste livro pode ser utilizada ou reproduzida sob quaisquer meios existentes sem autorização por escrito dos editores.

coordenação editorial: Alice Dias
produção editorial: Livia Cabrini
preparo de originais: Carolina Lins
revisão: Hermínia Totti e Midori Hatai
revisão técnica: Dra. Maria de Fátima Azevedo
diagramação: Guilherme Lima e Natali Nabekura
capa: Gillian Macleod
adaptação de capa: Natali Nabekura
impressão e acabamento: Lis Gráfica e Editora Ltda.

CIP-BRASIL. CATALOGAÇÃO NA PUBLICAÇÃO
SINDICATO NACIONAL DOS EDITORES DE LIVROS, RJ

H184t

Hallowell, Edward M.
    TDAH 2.0 / Edward M. Hallowell, John J. Ratey ; tradução Beatriz Medina. - 1. ed. - Rio de Janeiro : Sextante, 2024.
    192 p. ; 21 cm.

    Tradução de: ADHD 2.0
    ISBN 978-65-5564-893-5

    1. Distúrbio do déficit de atenção em adultos. 2. Distúrbio do déficit de atenção com hiperatividade. I. Ratey, John J., 1948-. II. Medina, Beatriz. III. Título.

24-91621   CDD: 616.8589
    CDU: 616.89-008.47

Meri Gleice Rodrigues de Souza - Bibliotecária - CRB-7/6439

Todos os direitos reservados, no Brasil, por
GMT Editores Ltda.
Rua Voluntários da Pátria, 45 – 14º andar – Botafogo
22270-000 – Rio de Janeiro – RJ
Tel.: (21) 2538-4100
E-mail: atendimento@sextante.com.br
www.sextante.com.br

Para minha esposa amorosa, minhas filhas e meus netos.
(JJR)

Para Pippy, Honey e Ziggy, que nos deram todo o seu amor brincalhão e suas lambidas até seus últimos dias. E a Layla e Max, muito vivos, que nos amam hoje de todas as maneiras. Não é por acaso que, em inglês, "Deus" (God) escrito ao contrário é "cachorro" (Dog).
(EMH)

Nenhum cérebro é igual.
Nenhum cérebro é melhor.
Cada cérebro tem seu jeito especial.

*– De um poema de Edward Hallowell
dedicado à filha de 5 anos*

Sumário

Introdução 11

CAPÍTULO 1 Um espectro de características 18

CAPÍTULO 2 Entenda o demônio da mente 39

CAPÍTULO 3 A conexão do cerebelo 56

CAPÍTULO 4 O poder curativo da conexão 76

CAPÍTULO 5 Encontre a dificuldade certa 91

CAPÍTULO 6 Crie ambientes espetaculares 106

CAPÍTULO 7 Mexa-se para se concentrar, mexa-se para se motivar: o poder do exercício físico 127

CAPÍTULO 8 Medicação: a ferramenta mais poderosa que todos temem 141

CAPÍTULO 9 Como juntar tudo: encontre seu jeito e o transforme em realidade 160

Agradecimentos 165

Apêndice 168

Leitura sugerida 172

Bibliografia selecionada 182

Introdução

Em 1994, escrevemos *Tendência à distração*, livro que apresentou ao público geral uma síndrome praticamente desconhecida: o *distúrbio do déficit de atenção*, ou DDA. Como nós dois temos DDA, isso nos possibilitou descrevê-lo em detalhes, validando os sintomas e relatando como é conviver com eles. O fato de também sermos psiquiatras atuantes na área nos permitiu – com o passar dos anos e com base nas informações e nas pesquisas disponíveis – escrever em parceria sete obras sobre como avaliar e diagnosticar o transtorno, além de como criar filhos, manter relacionamentos ou tratar pessoas que o apresentam.

Agora, neste livro, 30 anos depois daquele primeiro esforço conjunto, a situação é bem diferente em muitos aspectos. Além de a maioria das pessoas já ter ouvido falar no transtorno, quase todo mundo conhece alguém (se não ela própria) que foi diagnosticado, seja um colega, seja o parceiro. Professores e diretores de escolas estão sempre atentos, porque uma criança com DDA sem diagnóstico (ou com tratamento inadequado) pode atrapalhar o resto da turma e, ao mesmo tempo, não desenvolver plenamente seu potencial. Atualmente o estigma também é mais leve, de modo que "meio que tenho um déficit de atenção" tornou-se uma expressão genérica para definir comportamentos distraídos, esquecidos ou instáveis, com ou sem diagnóstico.

Houve ainda outra mudança: com o acréscimo da palavra "hiperatividade" à designação do quadro, a sigla DDA virou TDAH, que significa transtorno de déficit de atenção/hiperatividade, e descreve mais precisamente os altos e baixos da experiência vivida. Portanto, é essa sigla mais moderna, e mais técnica, que usaremos aqui.

No entanto, por mais comum que seja a denominação, um aspecto permanece igual e frustrante: ainda hoje, a maioria das pessoas não entende quão intensa e complexa é essa condição. E pouco se sabe sobre o enorme avanço na compreensão e no tratamento ocorrido nos últimos anos, pois o público em geral só conhece estereótipos e fragmentos de informações incorretas ou incompletas. Essas concepções errôneas prejudicam milhões de pessoas, pois as impedem de procurar ajuda ou dificultam o acesso ao tratamento correto. No mundo do TDAH, a ignorância continua a ser o inimigo público número um.

Por exemplo, muitos acham que se trata de uma doença da infância que passa ao longo dos anos. Na verdade, mesmo quando o diagnóstico é feito na infância, sabe-se que o transtorno não some com a idade, persistindo na vida adulta. E a razão por que alguns aparentam ter melhorado ao ficarem mais velhos vem do fato de terem aprendido a compensar tão bem a ponto de parecerem não ter nada. Também sabemos que o TDAH pode se revelar na idade adulta, o que costuma acontecer quando as demandas da vida superam a capacidade da pessoa de lidar com elas. Os exemplos clássicos são de mães de primeira viagem e estudantes de Medicina. Nos dois casos, como as exigências organizacionais da vida diária passam a ser muitas, o indivíduo revela os sintomas que conseguia compensar no passado. Mas é aí que o TDAH pode, e deve, ser diagnosticado. Inclusive, o TDAH que surge na idade adulta é uma condição descrita no maior compêndio da psiquiatria, o *Manual Diagnóstico e Estatístico de Transtornos Mentais* (DSM-5).

Por outro lado, há quem acredite que o TDAH é uma invenção da indústria farmacêutica para atender e validar seus últimos lançamentos. Não é bem assim, ainda que não haja dúvida de que charlatões, ao longo do tempo, tenham atrapalhado o entendimento de como e por que alguns medicamentos realmente funcionam.

Há ainda quem pense que TDAH é um nome chique para preguiça e que as pessoas que "têm isso" precisam mesmo é de um bom castigo à moda antiga. Na verdade, "preguiça" é a palavra menos correta possível. Afinal, a mente de quem tem TDAH trabalha o tempo todo. A produtividade talvez nem sempre reflita isso, mas não por falta de energia ou intenção!

O erro generalizado que muitos cometem sobre o TDAH é subestimar sua complexidade, concebendo-o como algo menor que acomete pouquíssimas pessoas.

Em primeiro lugar, o transtorno não é raro. Ocorre em pelo menos 5% da população, embora acreditemos que o número seja muito maior, porque há pessoas que parecem bem (mas que poderiam estar melhor) e não são diagnosticadas. Além disso, as estatísticas também são distorcidas por causa da relativa escassez de profissionais capazes de diagnosticar o TDAH. Ademais, considerando o fácil acesso às informações e a velocidade com que os estímulos chegam a nós – imagens, sons e dados por toda parte –, é provável que hoje todos tenhamos "um pouco de TDAH": somos mais distraídos, esquecidos e desconcentrados do que nunca. Temos até um nome novo para essa imprevisibilidade moderna, a qual discutiremos no Capítulo 1.

O desconhecimento a respeito do TDAH custa vidas. Literalmente. O transtorno pode ser um fardo, um sofrimento sem fim, a razão para uma pessoa brilhante nunca alcançar o sucesso e se arrastar durante anos tomada por frustração, vergonha e sensação de fracasso, em meio a cobranças para se esforçar mais, seguir o fluxo, amadurecer ou, de um jeito ou de outro, mudar. O TDAH pode levar ao suicídio, a todos os tipos de vícios e crimes (os presídios estão cheios de gente com TDAH não diagnosticado), além de motivar comportamentos perigosamente violentos e encurtar a vida.

O psicólogo Russell Barkley, uma das maiores autoridades no assunto, resumiu em duras estatísticas o perigo:

> Considerando dados de saúde pública, quando comparado a outras doenças de alta mortalidade, o TDAH é ruim. Fumar, por exemplo, reduz a expectativa de vida em 2,4 anos, de modo que, se você fuma mais de 20 cigarros por dia, perde uns 6,5 anos. No caso de diabetes e de obesidade, a perda é de 2 anos. Para colesterol alto, 9 meses. O TDAH é pior do que a soma das cinco principais causas de morte dos Estados Unidos.

Ter TDAH custa à pessoa, em média, quase 13 anos de vida. Barkley acrescenta:

> E isso além de todos os achados de aumento do risco de lesões acidentais e suicídio [...]. Cerca de dois terços das pessoas com TDAH têm a expectativa de vida reduzida em até 21 anos.

Então, com base no que sabemos hoje sobre o TDAH e nas pesquisas mais recentes, podemos dizer, de forma confiante e categórica: *não tem que ser assim!* É hora de mostrar o verdadeiro "pensamento 2.0".

Para começar, a medicação ajuda muito. Como o próprio Dr. Barkley diz:

De todos os transtornos psiquiátricos, o TDAH é o mais fácil de tratar. Temos vários medicamentos, com [...] efeitos mais potentes e diferentes vias de administração, cujo potencial de mudar a vida das pessoas é maior do que em qualquer outro transtorno. Trata-se de algumas das substâncias mais seguras da psiquiatria.

Além da variedade de remédios (ou combinado a isto), atualmente conhecemos diversas estratégias comportamentais e de mudança no estilo de vida que você e suas pessoas queridas podem usar para controlar o TDAH. Elas incluem desde o poder de relaxamento e melhora na concentração proporcionados pelo exercício físico até diferentes maneiras de aproveitar a imaginação viva e sempre ativa de quem tem o transtorno, além de avaliações para "identificar o tipo *certo* de dificuldade", o trabalho ou a atividade mais adequada para esse tipo de mente que precisa se manter ativa.

Como profissionais de saúde, vimos como cada uma dessas estratégias funciona e muda a vida de nossos pacientes, alguns dos quais descrevemos nestas páginas (sob pseudônimo, para proteger sua privacidade). Com o avanço incrível de exames do cérebro e o entusiasmo de muitos pesquisadores da neuropsiquiatria, também temos cada vez mais clareza sobre *por que* essas estratégias dão certo. Dessa maneira, os Capítulos 2 e 3 mergulham nessa explicação fascinante para fornecer a compreensão básica do cérebro de quem tem TDAH, esclarecendo tudo.

E, antes de chegarmos à parte prática de nosso programa, é importante retornar à palavra que usamos anteriormente: *poder*. Sim, o TDAH é uma causa potente de dor e sofrimento desnecessário. Porém, quando dominado, revela talentos impossíveis de serem comprados ou ensinados. Muitas vezes, o transtorno é o que move a criatividade e o talento artístico, um motor de engenhosidade e pensamento iterativo. Pode ser seu ponto forte especial, e até um superpoder genuíno. Se você conseguir entendê-lo e se apossar dele, o TDAH pode se tornar o trampolim para um sucesso além do imaginável, a chave capaz de destravar seu potencial. Como já dissemos, vemos isso todo dia no consultório.

Para explicarmos o transtorno às crianças, costumamos usar uma analogia muito simples e que, sem dúvida, também repercute entre os adultos: a pessoa com TDAH tem a potência de um motor Ferrari, mas freios de bicicleta. É esse descompasso que causa os problemas, então o nome do jogo é reforçar os freios.

Em resumo, o TDAH pode ser um recurso exclusivo e poderoso, até um dom, se bem administrado. É claro que o mais importante aqui é o "bem administrado". Se vamos nos sentir bem ou mal com a maneira diferente de agir e sentir que ele provoca, isso vai depender de como lidamos com ele. Assim, uma das principais razões para escrevermos este livro é ajudar você, ou alguém importante para você, a ser uma das pessoas que se sentem bem com isso. Afinal, com o autoconhecimento, fica mais fácil gostar de si. "Conhecimento é poder" nunca foi um clichê tão adequado. Então, junte-se a nós nesta jornada pelas mais recentes descobertas a respeito da nossa condição.

TDAH 2.0

CAPÍTULO 1

Um espectro de características

Quem somos nós, pessoas com TDAH? Somos a criança problemática que enlouquece os pais pela total falta de organização, que é incapaz de terminar as tarefas, arrumar o quarto, lavar a louça ou cumprir qualquer outra demanda. Somos aquela criança que está sempre interrompendo, inventando desculpas para não fazer os deveres e, em geral, entregando muito aquém de seu potencial, na maioria das áreas.

Somos a criança que recebe broncas diárias por desperdiçar seu talento, por perder a oportunidade de ouro que nossa capacidade inata nos dá de obter bons resultados e por não fazer bom uso de tudo o que nossos pais nos oferecem.

Às vezes também somos o executivo brilhante que deixa a desejar por não cumprir prazos, esquecer as obrigações, cometer gafes sociais e não aproveitar as oportunidades. Com muita frequência, somos os viciados, os desajustados, os desempregados e os criminosos para quem bastam apenas um diagnóstico e um plano de tratamento para reverter a situação. Somos as pessoas em nome de quem Marlon Brando falou no clássico *Sindicato de ladrões* (1954): "Eu poderia ter desafiado o campeão." Assim, muitos de nós poderíamos ter desafiado os campeões – e deveríamos, com certeza.

Mas também podemos ter sucesso. E como! Somos o participante aparentemente desligado da reunião que, do nada, dá aquela ideia que salva o dia. Com frequência, somos o estudante ruim cujo talento desponta com a ajuda correta e que consegue alcançar um sucesso incrível depois de boletins irregulares. *Somos* os candidatos e os vencedores.

Também somos professores, oradores, palhaços de circo e comediantes stand-up dinâmicos e criativos, soldados de tropas de elite, inventores, aqueles que fazem de tudo e que criam tendências. Entre nós, há milionários e bilionários que começaram do nada; ganhadores de prêmios Pulitzer e Nobel; ganhadores de Oscar, Tony, Emmy e Grammy; os melhores advogados, neurocirurgiões, corretores de commodities e banqueiros de investimentos. E muitas vezes somos empreendedores. Nós dois mesmos somos empreendedores, e a maioria dos pacientes adultos com TDAH que atendemos também é ou aspira a ser. De acordo com Dan Sullivan, proprietário e operador da empresa de suporte em empreendedorismo Strategic Coach (e que também tem TDAH!), pelo menos 50% de seus clientes têm o transtorno.

Como as pessoas com esse transtorno não têm uma aparência específica, nossa situação é invisível. Porém, se você pudesse entrar em nossa cabeça, descobriria uma paisagem muito peculiar. Encontraria ideias que pipocam como grãos de milho, rápidas como metralhadoras não programadas que fazem disparos aleatórios. No entanto, dada a impossibilidade de desligar essa pipoqueira particular, em geral somos incapazes de desligar à noite, o que dá a sensação de que a mente nunca descansa.

Na verdade, nossa mente está aqui, ali e em toda parte, o que às vezes dá a impressão de que estamos *em outro lugar*, em algum estado sonhador. Isso significa que é comum perdermos o bonde (tanto metafórica quanto literalmente!). Mas, quando isso acontece, somos capazes de criar um avião ou pegar um pogobol para chegar a tempo. Pode ser que nos desliguemos no meio de uma entrevista de emprego a ponto de perder a vaga, mas pode ser também que um cartaz na sala de espera do RH nos dê uma nova ideia capaz de se transformar numa invenção patenteada. Acontece ainda de ofendermos os outros por nos esquecermos de nomes e promessas, no entanto isso é compensado por entendermos questões incompreensíveis para a maioria. Ao mesmo tempo que damos um tiro no pé, somos capazes de criar um método indolor para remover a bala. Como disse o matemático Alan Turing: "Às vezes, as pessoas que ninguém imaginaria são aquelas que fazem as coisas que ninguém imagina." Isso nos resume com perfeição.

Tudo isso significa que o TDAH é um estado de ser muito mais rico, complicado, paradoxal e perigoso, mas potencialmente mais vantajoso do que a versão simplificada que o público em geral supõe ou que até os critérios de diagnóstico nos fariam acreditar. "TDAH" é um termo que descreve um modo de estar no mundo. Não é nem totalmente um problema nem totalmente uma vantagem, e sim uma série de características específicas de um tipo de mente singular. Se será uma vantagem diferenciada ou uma maldição eterna, vai depender de como a pessoa lida com ele.

O LUNÁTICO, O AMANTE E O POETA

Por mais que o TDAH se manifeste de modo diferente de uma pessoa para outra, há várias qualidades que parecem quase universais. Impulsividade, hiperatividade e facilidade de se distrair são as descrições clássicas, mas há equivalentes que achamos mais ricos e adequados na reflexão de Shakespeare sobre "o lunático, o amante e o poeta".

Ter TDAH não significa que a pessoa seja maluca, e admitimos que "lunático" pode ser um adjetivo forte demais. Porém, comportamentos de risco e pensamentos irracionais andam de mãos dadas com o TDAH. *Gostamos do irracional.* Ficamos à vontade diante da incerteza, ficamos tranquilos quando os outros estão ansiosos e ficamos relaxados quando não sabemos onde estamos nem aonde estamos indo. Uma reclamação comum de pais de adolescentes com TDAH deixa isso bem claro: "No que ele estava pensando? Deve ter perdido a cabeça!" É como a esposa que nos pergunta: "Por que ele continua fazendo a mesma idiotice? Essa não é a definição de insanidade?"

Algumas pessoas chamam isso de ser inconformista, mas o termo é inadequado. Não *escolhemos* não nos conformar. Nem sequer notamos qual é o padrão ao qual não nos conformamos!

As pessoas com TDAH são "amantes" no sentido de que tendem ao otimismo desregrado. Nunca deparamos com acordos de que não gostamos, oportunidades que não queremos aproveitar, probabilidades que não queremos testar. Somos arrastados. Vemos possibilidades ilimitadas onde os outros só veem limitações. O amante tem dificuldade de se segurar, e não se segurar é uma característica importante do TDAH.

Talvez seja mais fácil definir um "poeta" com outro trio de descrições: criativo, sonhador e inquieto.

"Criatividade", no contexto do TDAH, designa a capacidade inata, o desejo e a ânsia irreprimível de mergulhar a imaginação, de modo regular e profundo, na vida – em projetos, ideias, músicas, castelos de areia. Na verdade, as pessoas com TDAH sentem necessidade constante – como uma coceira que não para – de criar alguma coisa. Isso está presente o tempo todo, como uma fome que não conseguimos denominar. O ato da criação é como um ímã para nosso metal, que nos completa. Isso nos cativa, nos prende no presente e nos deixa fascinados durante o ato criativo, qualquer que seja.

Até acordados estamos sonhando, sempre criando, sempre procurando por um bolo de lama para transformá-lo em uma torta de maçã e abacaxi. A imaginação alimenta nossa curiosidade de descobrir de onde veio um barulho, o que há embaixo de uma pedra ou por que uma placa de Petri se modificou. Se não fôssemos tão sonhadores e curiosos, ficaríamos nos trilhos, sem nos distrair nunca. Entretanto, investigamos o barulho, o solo, a placa de Petri. E é por isso que a palavra "déficit" não é adequada para definir esse transtorno. Na verdade, *não* sofremos de déficit de atenção. É bem o contrário. Temos uma *superabundância* de atenção, mais atenção do que aquela com que conseguimos lidar, de modo que o desafio constante é controlá-la.

A inquietação é tanto a bênção especial quanto a amarga maldição do TDAH. Você tem uma ideia. Talvez tenha pensado numa nova tecnologia para um afiador de facas ou acredite que tem o enredo do romance perfeito. Seja qual for sua inspiração, você corre atrás dela como nunca.

Mas aí o que você criou... decepciona. E pior: de repente, você acha que aquilo é terrível, horroroso, a pior coisa do mundo, e mergulha no desespero. Então, de maneira igualmente inesperada, a ideia volta do nada. Você se inspira outra vez. Fica entusiasmado, não resiste. Precisa tentar de novo. E lá vai você, sonhando, criando e, provavelmente, se decepcionando outra vez.

Como os três personagens – o lunático, o amante e o poeta –, temos uma forte intolerância ao tédio, que é nossa criptonita. Assim que nos entediamos – situação que você pode interpretar como falta de estímulo –, buscamos de maneira reflexa, instantânea, automática e irracional um novo estímulo. Não importa qual seja, só *temos* que resolver essa emergência mental, ou seja, a dor cerebral provocada pelo tédio. Como socorristas de emergência, entramos em ação. Para criar estímulo, somos capazes de nos meter em brigas, fazer compras on-line de modo maníaco e desenfreado, assaltar um banco, cheirar cocaína – ou, por outro lado, inventar o melhor aparelho do mundo ou encontrar a solução para um problema que impede sua empresa de decolar.

TENDÊNCIAS PARADOXAIS

No apêndice, ao final do livro, inserimos a definição técnica do diagnóstico de TDAH, para que você entenda sobre o que seu psiquiatra ou avaliador fala durante a consulta. No entanto, em termos menos clínicos, é útil pensar no transtorno como um conjunto complexo de tendências contraditórias ou paradoxais: falta de foco combinada à capacidade de hiperfoco; falta de direção combinada ao empreendedorismo extremamente direto; tendência a procrastinar combinada à capacidade de fazer o trabalho de uma semana em duas horas; decisões erradas e impulsivas combinadas a soluções e lampejos criativos; falta de noção interpessoal combinada a intuição e empatia extraordinárias... A lista não acaba.

A seguir, mais formalmente, estão os sinais reveladores do TDAH que podem fazê-lo procurar confirmação clínica:

Baixo rendimento inexplicado. A pessoa não vai tão bem quanto seu intelecto e talento inatos permitiriam. Não há explicação óbvia, como problemas de vista, doença física grave ou deficiência cognitiva causada por uma lesão cerebral, por exemplo.

Mente errante. Você recebe comentários frequentes de professores ou, quando adulto, de supervisores ou parceiros de que parece estar com a cabeça nas nuvens, de que tem dificuldade de se concentrar na tarefa, de que seu desempenho é irregular, com dias e momentos bons e dias e momentos ruins. Por isso, você costuma ouvir do observador que é preciso mais disciplina, mais esforço, que é necessário aprender a *prestar atenção*. Não estou brincando! A ignorância acerca do TDAH ainda é tão grande que as pessoas continuam argumentando que a falta de esforço é a causa da desorganização e da falta de atenção. O fato biológico é que, na ausência de estímulos, a pessoa *não consegue*. Não é que não queira. *Não consegue.*

Dificuldade de planejar e se organizar. No jargão clínico, é o que chamamos de problemas nas "funções executivas". Digamos que a criança tenha dificuldade de se vestir de manhã. Você pede à sua filha que vá se arrumar e, 15 minutos depois, ela ainda está de camisola, deitada na cama, numa profunda conversa com a boneca. Ou você pede a seu marido que leve o lixo para fora e, enquanto caminha até a lata de lixo, ele esquece o que deveria fazer e *passa direto por ela*. Você então se irrita, acha que ele a está provocando, sendo passivo-agressivo, do contra ou totalmente egocêntrico, palavras com as quais você já o qualificou centenas de vezes no passado. Antes de se divorciar, daria para salvar o casamento se alguém explicasse a vocês dois que passar direto pela lata de lixo, como tantos outros atos de aparente descaso, não vem do egoísmo nem de outro defeito de caráter, mas de um estado neurológico que torna a atenção inconstante e deixa a memória imediata tão fragilizada a ponto de esquecer a tarefa numa fração de segundo. Porém, o que acentua esses problemas e faz alguns duvidarem do diagnóstico é que essas mesmas pessoas conseguem se hiperconcentrar, fazer uma apresentação brilhante na hora certa e ser superconfiáveis *quando são estimuladas*. Como já dissemos, o tédio é criptonita: a mente com TDAH foge do tédio e some, numa busca fervorosa por estímulo, enquanto a lata de lixo fica esquecida para lá.

Alto grau de criatividade e imaginação. É comum que as pessoas com TDAH, de todas as idades, tenham efervescência intelectual. Infelizmente, esse brilho natural pode ser apagado por anos de críticas, advertências, redirecionamentos, falta de apreciação, bem como por repetidas decepções, frustrações e fracassos absolutos.

Dificuldade de gestão do tempo e tendência a procrastinar. Este é outro elemento bastante interessante das funções executivas. Nós, portadores de TDAH, vivenciamos o tempo de modo diferente. É *dificílimo* para os outros acreditar nisso, por isso as pessoas costumam demonstrar pouca empatia com nosso problema e o atribuem à falta de esforço, à má vontade ou à pura teimosia. No entanto, o fato é que nos falta uma noção interna do ciclo do tempo, porque não prestamos atenção no fluxo irrefreável dos segundos que se transformam em minutos, horas, dias, etc. Ao desafiarmos as leis da física, mudamos a natureza do tempo em nossa mente. Em nosso mundo, temos pouca consciência do andar do relógio; são poucos os alertas e alarmes internos e as autocobranças, e não planejamos bem a divisão do tempo para diferentes tarefas. Provocamos um curto-circuito nessa complexidade e fatiamos o tempo em seus elementos mais simples, de modo a haver apenas dois momentos: o "agora" e o "não agora". Quando ouvimos "Temos que sair em meia hora", entendemos "Não temos que sair agora", e "O artigo tem que ser entregue em cinco dias" vira "Não tem que ser entregue agora", como se os cinco dias pudessem ser cinco meses. Ouvimos "Você tem que ir se deitar em algum momento" quando, na verdade, disseram "Está na hora de se deitar". Nossa noção de tempo truncada causa todo tipo de briga, fracasso, demissão, decepção aos amigos e romances que não dão certo, mas, ao mesmo tempo, traz uma inacreditável capacidade de trabalhar brilhantemente sob extrema pressão, bem como de se mostrar alheio, de maneira maravilhosa e enfurecedora, à pressão do tempo que, para a maioria dos indivíduos, é motivo de estresse máximo.

Vontade forte, teimosia, recusa em receber ajuda. Parece um grande absurdo, no entanto muitas pessoas com TDAH, principalmente os homens, dizem claramente: "Prefiro falhar fazendo do meu jeito a ter sucesso com ajuda."

Generosidade. Por mais duras que sejam as distorções que carregamos, também temos qualidades, uma energia positiva que vem e vai. Quando vem, somos as pessoas mais generosas que se pode encontrar, as mais otimistas, as mais entusiasmadas. Sim, ironicamente, embora tenhamos a tendência de rejeitar a ajuda dos outros (como dissemos antes!), somos os primeiros a tirar a camisa para dar a quem precisa, conhecido ou não. É por isso que muitos de nós somos ótimos em vendas. Podemos ser carismáticos, espirituosos, convincentes e tudo o que você precisa quando se sente mal.

Agitação, principalmente no sexo masculino. ***Distração***, principalmente no sexo feminino. Como tendem a não ser hiperativas nem bagunceiras, as mulheres de todas as idades são o grupo menos diagnosticado. É preciso que pai, mãe, professor, parceiro, supervisor ou médico sejam esclarecidos para perceberem o TDAH desatento e não hiperativo em meninas e mulheres.

Senso de humor ativo e sem igual. Peculiar, inusitado, mas em geral também bastante sofisticado. Muitos comediantes de stand-up e roteiristas de programas de humor têm TDAH, talvez por causa da maneira bem diferente de ver o mundo. Vivemos fora da caixinha. Na verdade, provavelmente foi um de nós que inventou o teste psicológico de onde vem a expressão "pensar fora da caixa".

Dificuldade para compartilhar e brincar com os outros no começo, mas, ao mesmo tempo, desejo de fazer amigos. Conforme a vida avança, podem surgir problemas sociais causados pela dificuldade de interpretar o cenário social e pela incapacidade de controlar o impulso de invadir ou interromper. Na idade adulta, isso parece rispidez, esquisitice, grosseria, egocentrismo, falta de filtros e altivez; na verdade, é só o TDAH sem diagnóstico e sem tratamento que causa os problemas. É por isso que chamamos o diagnóstico de TDAH de "boa notícia": quando a pessoa fica sabendo que tem o transtorno e encontra a ajuda certa, sua vida só pode melhorar; em geral, melhorar *muito*.

Extrema sensibilidade a críticas ou rejeição. William Dodson, um dos principais especialistas em TDAH da atualidade, tornou famosa a expressão "disforia sensível à rejeição", ou DSR, que descreve a tendência de quem tem TDAH a reagir com exagero, precipitação e de modo desastroso à mínima percepção de crítica, desrespeito ou observação vagamente negativa. De repente, a pessoa mergulha no abismo e fica inconsolável. Por outro lado (*sempre* há *outro* lado nesta síndrome caracterizada por pares de sintomas opostos), cunhamos outra expressão para descrever o contrário da DSR. É a "euforia sensível ao reconhecimento", ou ESR, que se refere à capacidade aumentada de aproveitar, de forma construtiva, elogios, afirmações e incentivos. Assim como podemos nos afundar na infelicidade com uma crítica insignificante, podemos deslanchar e fazer ótimo uso até do menor incentivo e reconhecimento.

Impulsividade e impaciência. Tomamos decisões rápidas e temos dificuldade de esperar pela gratificação. Não passamos no teste do marshmallow.* Tendemos a funcionar na base de "fogo, apontar, preparar" em vez de "preparar, apontar, fogo!". Mas lembre-se: o outro lado da impulsividade é a criatividade. A criatividade é a impulsividade do jeito certo. Você não *planeja* ter uma ideia criativa, um lampejo, um insight. Isso vem sem vontade e sem aviso. *Impulsivamente.*

Vontade de mudar as condições de vida. Com a idade, isso tende a se manifestar como uma insatisfação geral com a vida comum, e a pessoa sente a necessidade de melhorá-la, incrementá-la, revigorá-la, subindo vários degraus na escada da vida. Essa "coceira" pode levar a grandes criações e conquistas, ou a todos os tipos de adição, bem como a uma série de outros comportamentos perigosos. Geralmente, leva tanto ao lado positivo quanto ao negativo.

Muita energia (daí o uso de "hiperatividade" no nome do transtorno), ao lado da tendência à lassidão, muitas vezes confundida com preguiça.

Intuição assustadoramente precisa, somada à tendência de negligenciar o óbvio e ignorar questões importantes.

---

* Em 1972, Walter Mischel, psicólogo e professor da Universidade Stanford, criou um teste que usava marshmallows para testar a capacidade de uma criança em adiar a gratificação.

Transparência a ponto de virar excesso de franqueza. A pessoa incapaz de "puxar saco", intolerante à hipocrisia, muitas vezes sem tato, politicamente incorreta e descuidada com repercussões e consequências... geralmente tem TDAH. Por outro lado, principalmente em crianças, isso se traduz na tendência a mentir impulsivamente quando pego em flagrante. Esse não é um defeito de caráter nem falta de consciência, como vemos em sociopatas, mas uma tentativa reflexiva de mudar a realidade, de desejar que fosse de outro jeito.

Suscetibilidade à adição e a todos os comportamentos compulsivos. De vício em substâncias psicoativas e álcool a jogos, compras, gastos, sexo, comida, exercícios físicos e telas. Para nós, que temos TDAH, a probabilidade de desenvolver problemas relacionados a vícios é cinco vezes maior do que na pessoa que não tem o transtorno. Isso vem da "coceira" já mencionada e da necessidade de turbinar a realidade. O lado bom desse sintoma é que, se você encontrar a via de escape criativa certa – abrir uma empresa, escrever um livro, construir uma casa, cultivar um jardim –, é possível usá-la para aliviar a coceira, em vez de desenvolver um mau hábito ou um vício de verdade.

Ser um para-raios e um cata-vento metafóricos. Seja qual for a razão, é comum as pessoas com TDAH serem para-raios do que pode dar errado: ser o único pego com maconha em um grupo de 20 usuários; virar o bode expiatório – tanto adulto quanto criança –, o culpado de tudo e o mais castigado de todos; ser aquele que, sem querer, atrapalha o evento familiar, a reunião de negócios, a discussão em sala de aula. Ao mesmo tempo, essa característica leva a pessoa com TDAH a receber, sabe-se lá de onde, ideias, energias, premonições e imagens que levam a um sucesso incrível. Do mesmo modo, o cata-vento interno congênito faz a pessoa com TDAH ser a primeira a sentir a mudança de clima ou de energia do grupo, da aula, da família, da empresa, da cidade, do país. Antes que os outros percebam, a pessoa com TDAH já está dizendo a todos que tomem cuidado, que o vento está virando, ou que se preparem, porque há uma grande oportunidade logo ali. Como o para-raios, o efeito cata-vento não pode ser explicado com nenhuma base científica, mas o vemos o tempo todo em nossos pacientes de todas as idades.

Tendência a externalizar ou culpar os outros, sem enxergar seu próprio papel no problema. Isso está associado à incapacidade geral de se observar com exatidão, o que leva, naturalmente, a mais externalização, já que você realmente não vê seu papel no problema.

Autoimagem negativa e distorcida. Em virtude da incapacidade de se observar com exatidão, e considerando a alta sensibilidade a críticas e o histórico de baixo rendimento, as pessoas com TDAH costumam ter uma autoimagem negativa. Um de nossos pacientes chama essa situação de "distorção do déficit de atenção", porque distorce muitas percepções da realidade. É que se, por um lado, a criatividade depende da capacidade de imaginar uma realidade diferente, de "distorcer" o ordinário em algo melhor, por outro, essa "distorção" pode criar um dos aspectos mais dolorosos do TDAH: a baixa autoestima. É como se estivéssemos numa casa de espelhos em que, em vez de nos vermos como os outros veem, enxergamos apenas aquilo que consideramos defeitos e fracassos, ficando praticamente cegos a nossas qualidades

– que, em geral, são consideráveis. Como nos interpretamos mal, e vemos também de modo equivocado a maneira como os outros nos interpretam, ficamos envergonhados. E por causa dessa vergonha, do medo e dos equívocos, nos afastamos de oportunidades e relacionamentos.

TDAH BIOLÓGICO OU CULTURALMENTE INDUZIDO?

As estimativas científicas indicam que de 5% a 10% das pessoas nascem com alguma combinação das características que acabamos de listar. Esse número representa os que nascem com TDAH. Como tal, nos estudos comportamentais o transtorno é realmente reconhecido como um dos mais possíveis de serem herdados. Isso significa que a coleção de genes herdados da família biológica aumenta a probabilidade de alguém apresentar o transtorno durante a vida. Embora pudesse ser útil identificar exatamente os genes responsáveis pelo transtorno, a realidade é que não há um ou dois deles apenas, mas vários, o que faz sentido, dado que o TDAH tem muitos aspectos.

Quando um dos pais tem TDAH, o risco de cada filho também ter é de um em três. Se os dois pais têm TDAH, o risco para cada filho é de dois em três. No entanto, essas são apenas médias. Na família do Dr. Hallowell, por exemplo, ele tem TDAH e a esposa, não, mas os três filhos têm.

Além da genética, também sabemos há muito tempo que determinados estressores ambientais podem provocar TDAH, mais notadamente lesões na cabeça ou falta de oxigênio no cérebro ao nascer, infecções precoces ou qualquer outra agressão ao cérebro (como, por exemplo, febre, traumatismos e intoxicação por chumbo ou mercúrio).

Também sabemos que, se uma gestante for obesa, fumante ou

usuária de álcool e/ou drogas, aumenta-se o risco de o bebê apresentar TDAH. E ainda não provado, mas estudado juntamente com o funcionamento neurológico, há outro fator de risco que talvez tenhamos que acrescentar à lista: a radiação não ionizante de campos magnéticos, tanto de baixa quanto de alta frequência. A primeira vem da rede elétrica e dos eletrodomésticos, entre outras fontes, já a segunda, mais nova, vem das redes sem fio e dos celulares. Fique ligado...

Desconsiderando as fontes de TDAH de base biológica, muita gente age como se tivesse o transtorno, mas acaba não tendo o problema diagnosticado ao fazer um exame mais apurado. Essas pessoas têm sintomas semelhantes aos do TDAH, só que causados pelas condições da vida moderna. Seu "TDAH" é, de fato, uma reação ao aumento substancial dos estímulos que hoje bombardeiam nosso cérebro e o mundo.

O imenso condicionamento comportamental a que ficamos sujeitos desde o surgimento da onipresente tecnologia eletrônica de comunicação nos mudou radicalmente. Mas essa mudança drástica, para não dizer épica, é subestimada. Isso porque estamos imersos nela enquanto ocorre, como as rãs que não fogem da água fria sendo aquecida aos poucos e acabam cozidas. Assim, também nosso mundo está se aquecendo bastante. E, embora *pudéssemos* pular fora, é bem difícil fazer isso e continuar em atividade no mundo atual. A vida moderna treinou nosso cérebro para funcionar cada vez mais rápido, para fazer sempre mais, para receber e transmitir informações 24 horas por dia e para exigir estímulos constantes – seja de filmes, TV, conversas e até noticiários. A maioria das pessoas não consegue passar mais do que alguns segundos sem procurar uma tela.

A vida moderna impõe essas mudanças porque força nosso

cérebro a processar exponencialmente mais dados como nunca se viu na história da humanidade, infinitamente mais do que fazíamos antes da era da internet, dos celulares e das mídias sociais. As conexões neurais não mudaram – não até onde sabemos, embora alguns especialistas desconfiem que estejam mudando –, mas, no esforço de nos adaptarmos à velocidade da vida cotidiana e ao volume de informações que atinge nosso cérebro sem parar, tivemos que desenvolver novos hábitos, em geral bastante antissociais, para lidar com tudo isso. Esses hábitos se juntaram para criar o que hoje chamamos de TEAV, ou *traço de estímulo de atenção variável*.*

Seja o TDAH verdadeiro, seja o primo TEAV induzido pelo meio, o melhor é se concentrar nos aspectos positivos inerentes trazidos por essa nova realidade. Ou seja, não queremos que você negue que há um lado ruim no que está passando, mas que também identifique o lado bom.

Na descrição do TEAV mais adiante, você verá que não há exigência de comprometimento cognitivo, porque não o designamos como transtorno, e sim como um traço. Você também vai notar a menção a muitos pontos fortes. E, ao contrário do diagnóstico formal de TDAH, em que seis de nove critérios do eixo da desatenção ou do eixo da hiperatividade e da impulsividade precisam estar presentes (ver, no Apêndice, a lista completa desses sintomas), não há um número estabelecido de descritores nem para definir o diagnóstico nem para o que preferimos chamar de "descrição" ou "autorretrato".

Na verdade, os critérios de diagnóstico do TDAH encontrados no DSM-5, manual oficial de diagnóstico, criaram sem querer muita confusão. É comum a pergunta: "Tenho DDA ou

---

* Carrie Feibel, editora de saúde da emissora KQED, de São Francisco, foi quem sugeriu a denominação e a sigla. Gostamos tanto que a adotamos, com sua permissão.

TDAH?" Tecnicamente, o DDA não existe mais, só se pode ter TDAH. Há, no entanto, fatores qualificativos. Se você tiver pelo menos seis dos nove sintomas no eixo da desatenção, mas não no eixo de hiperatividade e impulsividade, você tem *TDAH predominantemente desatento*. Isso é o que antes se chamava DDA. Já se você tiver seis de nove sintomas nos dois eixos, então tem *TDAH combinado*. E, se for uma das raríssimas pessoas que só têm sintomas no eixo da hiperatividade e da impulsividade, então você tem *TDAH predominantemente hiperativo/impulsivo*.

No TEAV, não chamamos o que apresentamos adiante de "critérios de diagnóstico". Caso se identifique na lista de descritores a ponto de achar que eles o descrevem e diferenciam das outras pessoas, bom, então o TEAV combina com você, e o que temos a dizer sobre a convivência com esse traço pode lhe ser útil.

Para finalizar, na tabela a seguir você verá que há uma palavra oposta para cada descritor. Isso acontece porque, como o TDAH, o TEAV tem pares paradoxais, pontos fortes e fracos, esquerda e direita. Por isso, conviver com ele pode ser um emaranhado confuso, mas empolgante e, às vezes, inovador. (Você também vai notar que há muita sobreposição com os 20 descritores do TDAH.)

POSITIVO	NEGATIVO
Apaixonado; entusiasta; idealista; sacrifica tudo por uma causa ou um amigo.	Pode se tornar rígido em favor da causa; pode se tornar fanático, estridente, irracional; síndrome de Moby Dick.
Às vezes meticuloso, principalmente em projetos muito importantes.	Em geral, desorganizado e até caótico; o caos domina tanto que a escola, o emprego, o casamento ficam por um fio.
Consegue fazer muita coisa em pouco tempo.	Noção de tempo basicamente diferente; só há AGORA e NÃO AGORA; a procrastinação reina, e quase nada é feito no prazo.
Apreço pelo incomum, inusitado, não convencional.	Incapacidade ou recusa a se conformar ou entrar na linha, mesmo quando é obviamente de seu interesse.
Sonhador por excelência; visionário; vive nas asas da imaginação e voa na fantasia.	Às vezes, se entedia tanto com a realidade que a ignora e enfrenta problemas por isso.
Extremamente franco; diz o que os outros não ousam dizer; sincero; contundente.	Pode magoar os outros e se prejudicar; pode ser cruel sem querer, que é a última coisa que deseja.
Desejo intenso de ser livre e independente, ser seu próprio chefe, senhor de seu destino.	Dificuldade de trabalhar em equipe; dificuldade de aceitar ordens; dificuldade com a intimidade na vida privada.

POSITIVO	NEGATIVO
Naturalmente criativo; as ideias pipocam o tempo todo em sua mente.	Dificuldade de organizar as ideias e fazer algo produtivo com elas.
Naturalmente curioso; quer sempre saber quem, o que, como, onde e por que; nunca se satisfaz até encontrar a resposta.	Distrai-se facilmente com a novidade ou qualquer quebra-cabeça, charada, problema não resolvido ou oportunidade cativante, por mais irrelevante que seja.
Extremamente vibrante; parece incansável.	Impulsivo; não consegue ficar parado, demorar-se numa conversa ou ponderar sobre uma ideia com algum colega ou familiar.
A mente guarda tudo; lembra-se de detalhes de anos atrás.	Esquece o que foi buscar na cozinha; esquece onde deixou as chaves do carro; esquece carteira, óculos, guarda-chuva; deixa as compras no teto do carro e vai embora dirigindo.
Cheio de ideias.	As ideias são tantas que sufocam o desenvolvimento de qualquer uma delas.
Decidido; toma decisões complexas e importantes numa fração de segundo.	Impaciente; detesta lidar com a ambiguidade; fala sem pensar.
Surto inicial de empolgação com novos planos, acordos, ideias, projetos, relacionamentos.	A empolgação se esgota na fase intermediária; dificuldade de manter o interesse.

POSITIVO	NEGATIVO
Assume a responsabilidade; faz o que é preciso ser feito.	Dificuldade de delegar e confiar que os outros fariam tão bem quanto ele.
Tenaz; nunca desiste; literalmente desmorona antes de largar.	Teimoso; prefere fracassar fazendo do seu jeito a ter sucesso aceitando conselhos dos outros; passa a vida tentando ser bom naquilo que não faz bem.
Age no calor do momento.	A procrastinação pode ser um problema enorme.
Original; vê soluções que os outros não veem; tem ideias novas.	Parece biruta, excêntrico, até maluco; afasta as pessoas por ser diferente e arrogante demais.
Confiante; seguro de si.	Inseguro; apesar de parecer confiante, acha que o sucesso provém de truques baratos.
Extremamente trabalhador.	Motivado; compulsivo; não desiste; maníaco.
Mente acelerada.	Dificuldade de acalmar a mente; risco de desenvolver vícios para aquietar a mente.
Corre riscos; concentra-se e tem melhor desempenho em situações de crise e perigo.	Precisa do perigo para se sentir engajado com a vida e realmente vivo.
Enxerga o quadro maior antes de todo mundo.	Dificuldade de implementar e elaborar os detalhes.

POSITIVO	NEGATIVO
Generoso; tem um grande coração; dá sem expectativa de retorno.	Pode ceder demais e dar o que não tem.
Engraçado; a alma da festa; cria conexão com todos.	Secretamente solitário; sente que ninguém o conhece de verdade.
Inovador.	Não consegue/não aceita seguir instruções.
Presta muita atenção quando interessado.	Distrai-se com facilidade; a mente voa quando não há interesse; usa muito os aparelhos eletrônicos e tem dificuldade de se engajar.
Extremamente talentoso em vários campos.	Gravemente limitado em vários campos.
Entusiasta da vida; quer experimentar tudo; nada é suficiente.	Demasiadamente dedicado; prestes a explodir.
Líder forte e carismático.	Detesta a posição de líder; teme deixar os outros na mão; não tem consciência do próprio carisma.
Prospera em situações muito estimulantes.	Acha o contentamento muito sem graça e sabota a felicidade simples para criar mais estímulo.
Ama o debate, o conflito, a luta.	A intimidade pode ser difícil, a não ser que o parceiro também goste disso.

CAPÍTULO 2

Entenda o demônio da mente

Hank é um vendedor nato, bom com as pessoas, bom julgador de caráter. Mas é também um homem atormentado, e esta não é uma palavra forte demais para o sofrimento mental que suporta. Ele passa longos períodos – 15 minutos aqui, uma hora ali, às vezes toda a manhã de sábado, às vezes mais – *ruminando*. Pensamentos, imagens, ideias e sentimentos afiados e perturbadores surgem para ele sem impedimento, como pedras na correnteza de um rio, enquanto ele tenta, desesperadamente, estabilizar a jangada mental. Eles não param de vir e se chocam várias vezes em sua mente, enquanto, com bravura, Hank tenta sobreviver a mais uma viagem por aquele incansável trajeto interior.

Parado e preso pela torrente de pensamentos negativos, Hank está na poltrona da sala, com os pés no chão, os dedos arranhando os braços da poltrona, fitando pela janela a tarde ensolarada. É claro que ele vê o que realmente há lá fora – a árvore em primeiro plano, a rua atrás –, mas não consegue assimilar a vista. Ele só vê perigo e mais pedras metafóricas para ultrapassar.

Esse processo horrível de ruminação é tão rotineiro na vida de Hank quanto escovar os dentes e ir trabalhar. Só que dura mais, trazendo apenas problemas e nenhuma vantagem.

Agora, aos 40 anos, Hank tem mau desempenho no trabalho. Não por lhe faltar talento – isso ele tem de sobra, segundo o chefe –, mas porque "não consegue se organizar", como diz a esposa irritada.

Hank é o mais irritado de todos, o que só alimenta a autocobrança incessante. Já tentou antidepressivos, que nada fizeram além de reduzir a libido e diminuir um dos poucos prazeres de sua vida. Já tentou psicoterapia, o que, ironicamente, o fez se sentir culpado porque achou que estava frustrando o psicólogo e fazendo o profissional se sentir incompetente. "A culpa não é sua, doutor", disse Hank na última sessão, em que se declarou incurável. "Meus circuitos cerebrais é que são diferentes. Tenho um lado sombrio terrível. Acho melhor me acostumar."

Como muita gente, Hank se preocupa em excesso. Porém, como ele também foi diagnosticado com TDAH, a preocupação fica maior ainda. Sendo o TDAH um problema comumente associado à falta de foco, é irônico que tantas pessoas com o transtorno – ou com as características do TEAV – se concentrem tanto nas preocupações que criam um buraco no pensamento. E, assim como um buraco na estrada, pode ser difícil evitá-lo. Felizmente, agora sabemos como eles se formam em nossa mente e como desviar deles.

NOVOS ACHADOS, NOVA AJUDA

Entra em cena um dos maiores triunfos do mundo nos últimos trinta anos: os avanços da neurociência. Depois de milênios de soluções e explicações morais ("*É tudo uma questão de força de vontade, aguente*"), religiosas ("*Entregue seu sofrimento a Deus*" ou "*Deus dá o frio conforme o cobertor*") ou filosóficas ("*Controle o que puder, aceite o que não puder*") para a angústia mental, hoje vivemos numa época em que conseguimos avaliar o real substrato em que a ação ocorre, ou seja, o cérebro e o sistema nervoso e sistemas acessórios.

Agora podemos medir as muitas moléculas do cérebro, sua atividade elétrica, o fluxo sanguíneo, o consumo diferenciado de glicose (energia) e oxigênio, o tamanho real das várias regiões do cérebro e a relação entre suas dimensões e funções. Estamos começando a entender a relação da genética com o neurofuncionamento, bem como a variação do impacto do ambiente sobre a expressão dos genes – a chamada epigenética.

Por exemplo, é a epigenética que explica que é possível alguém nascer com predisposição genética para depressão, mas, graças a pais amorosos e a um sistema escolar acolhedor, nunca ter desenvolvido a doença. Ou seja, embora carregue os genes que poderiam causar depressão, a pessoa passa pela vida sem nunca tê-la experimentado. Por outro lado, quem teve pais pouco amorosos, nunca recebeu carinho e conexões positivas ou, pior, sofreu traumas e abusos e também herdou os genes que predispõem à depressão ou a outras patologias, é muito mais propenso a que esses genes se expressem. Seja qual for a característica, a doença, o transtorno ou o problema, o conflito entre natureza e criação *sempre* se resume *a ambas*. A boa criação pode minimizar drasticamente a influência da natureza ruim, dos maus genes; infelizmente, o contrário também é verdadeiro: a má criação, como ter pais frios e distantes, vivenciar conflitos constantes ou passar por um trauma puro e simples na infância, pode suprimir a boa natureza, os bons genes.

A ciência da epigenética ajudou a provar a maravilhosa capacidade que o cérebro tem de se adaptar ao longo da vida. Chamada de *neuroplasticidade*, essa é uma das principais descobertas da neurociência na última geração. Antes, acreditava-se que o cérebro ficava mais ou menos definido a partir de certa idade – digamos, 30 anos – e que, uma vez lançada a sorte, não mudaria mais.

Essa noção de rigidez dos neurônios gerou uma série de clichês e provérbios do tipo "Não se ensina truque novo a cachorro velho", "Pau que nasce torto morre torto"; que é melhor se acostumar, porque nenhuma terapia, experiência de vida ou passe de mágica fará alguma mudança significativa na arquitetura do cérebro ou na personalidade, a não ser para pior, com doença, acidente vascular cerebral ("derrame"), câncer, venenos, álcool, drogas ou demência.

Errado. Tal como aconteceu com outros tantos lugares-comuns propalados sobre o funcionamento da mente, hoje sabemos que não é bem assim. Graças ao trabalho de muitos neurocientistas, é de conhecimento geral que o que fazemos, quem amamos, onde moramos, o que comemos, quanto nos mexemos, que tipo de estresse sofremos, se temos animais de estimação, se rimos muito ou pouco... tudo isso e mais um zilhão de experiências mudam quem somos o tempo todo, de maneira sutil. O cérebro reage a todas essas deixas, uma de cada vez.

A maioria não percebe quão fantástica é essa notícia. *Podemos* mudar quem somos e para onde vamos. Não é fácil, mas é possível, e em qualquer idade. Ninguém é velho demais para encontrar uma nova vida, um novo amor, um dia melhor. O cérebro nos presenteia com essa oportunidade, dia após dia, sendo necessário apenas desembrulhar esse presente.

A ciência dos últimos trinta anos também justifica, pelo menos em parte, a tensão e as contradições que caracterizam o TDAH e o TEAV. Explica o que acontece no cérebro que, ao mesmo tempo que leva à criatividade, ao empreendedorismo e ao dinamismo, causa obstinação irracional, preocupação, ruminação, vícios e compulsões. Se Hank soubesse disso, talvez conseguisse burlar seus pensamentos torturantes. Também poderia começar a usar seus talentos – empatia, inteligência emocional e criatividade – para se destacar na profissão que escolheu.

ELEMENTOS BÁSICOS DO CÉREBRO

No Capítulo 1 destacamos que o TDAH é uma síndrome de contradições e paradoxos. Cada ponto negativo tem seu correspondente positivo, e vice-versa. Você pode se concentrar e de repente se desconcentrar, ou cair no hiperfoco quando não quer. Enfatizamos a incoerência criada pelo duelo interno do cérebro, por assim dizer, e que o TDAH nunca é totalmente bom nem totalmente ruim. Agora, podemos explicar por que é assim.

No cerne da criatividade e da maldição da ruminação estão duas mentalidades que gostamos de chamar de Anjo e Demônio. Essas referências não têm nada de religiosidade. Pensamos nelas mais como o espírito benevolente que, de um lado, sussurra incentivos ao nosso ouvido, enquanto, do outro, o diabinho malvado nos tenta com péssimos conselhos. O primeiro concede os dons, enquanto o segundo lança a maldição. Com ferramentas práticas, você aprende a ativar o Anjo e a calar o Demônio, muitas vezes sem medicação.

Para esclarecer tudo isso, vamos começar com algumas explicações práticas que se aplicam a todos: TEAV, TDAH ou "neurotípico", como chamamos as pessoas sem problemas de desenvolvimento neurológico.

Quando você realiza uma tarefa qualquer, desde fritar um ovo a escrever um e-mail ou cavar um buraco, vários grupos de neurônios, os *conectomas*, se "acendem" no cérebro. Podemos ver isso acontecer por meio da nova e empolgante tecnologia da ressonância magnética funcional. É como uma radiografia móvel ao vivo, o mais perto que conseguimos chegar de observar o pensamento em ação.

O conectoma que se acende quando nos engajamos em uma tarefa se chama *rede positiva de tarefas*, ou RPT (ou TPN, do inglês task positive network). O nome já explica: a RPT faz você se concentrar no trabalho. Você faz alguma coisa deliberadamente e foca nisso toda a sua atenção, inconsciente de boa parte do que ocorre além dos limites do que está fazendo. Nesse estado, você não sabe conscientemente se está feliz ou não, o que é tão bom quanto estar feliz, talvez até melhor, porque você não desperdiça energia com autoavaliações. Pode se frustrar com o que está fazendo e ter momentos de raiva ou desânimo, mas, se continuar na tarefa, esses momentos vão passar, e a RPT – como o conectoma dinâmico que é – vai levá-lo adiante. Quando pensa com a RPT, você está na mentalidade Anjo. Entretanto, você também pode ficar preso na RPT, fazendo algo que não consegue largar. É o estado de hiperfoco no qual as pessoas com TDAH podem cair. Longe de ser útil, ele o mantém preso a uma única tarefa, incapaz de largar a tela, desligar a TV ou passar para o parágrafo seguinte. Esse é o lado ruim do foco, tantas vezes não reconhecido.

Aliás, a razão de muitos parecerem distraídos e agirem como se tivessem TDAH e TEAV é que cada vez menos gente permanece na rede positiva de tarefas. Essas pessoas não ficam concentradas tempo suficiente numa só tarefa, com certeza não o bastante para cavar um buraco bem fundo, escrever um e-mail com mais de duas frases ou fazer mais do que vigiar o ovo, que dirá fritá-lo. Infelizmente, a RPT é como o músculo que atrofia se não for usado. Assim, enquanto estamos avoados mentalmente, a RPT se enfraquece, e a capacidade de atenção se reduz.

Quando permitimos que a mente divague durante a tarefa, quando a concluímos ou paramos de executá-la por um tempo por estarmos com raiva ou irritados, a RPT do cérebro muda para um conectoma diferente. Como o padrão é voltarmos a esse estado, não surpreende que esse outro conectoma se chame *rede de modo padrão* (RMP). A RMP possibilita o pensamento expansivo, imaginoso e criativo. A metade de trás da RMP, chamada de *cíngulo posterior*, facilita a memória autobiográfica, sua história pessoal. Ela permite que você recorde, elabore e esmiúce o passado. Já a parte da frente, o *córtex pré-frontal medial*, é o contrário. Ele possibilita que você vislumbre adiante e pense, imagine e planeje o futuro.

É no modo RMP que você devaneia (e perde a saída da estrada) ou faz conexões interessantes entre conceitos (habilidade útil quando nos divertimos com charadas e piadas, resolvemos palavras cruzadas ou fazemos a maior invenção de todos os tempos). Com certeza, foi com a RMP que inventaram a roda! A RMP e a RPT são o yin e o yang do cérebro. As duas nos ajudam e nos travam de determinadas maneiras. Uma não é melhor do que a outra. Entretanto, por mais útil que seja, a RMP (angelical por direito) também é um demônio (como lembra sua sigla em inglês, DMN!) para o cérebro com TDAH ou TEAV, por causa da capacidade de ruminação obstinada quando estamos presos sob seu domínio.

O INTERRUPTOR COM DEFEITO

Nas pessoas neurotípicas, passar periodicamente para a RMP possibilita obter repouso e relaxamento intelectuais – por exemplo, durante devaneios – o que não é necessariamente ruim. Mas as pessoas muito imaginativas e criativas, como quem tem TDAH ou TEAV, costumam *ficar presas* na RMP, o que causa pensamentos terrivelmente negativos, sombrios e autocríticos, como já vimos na experiência de Hank.

Embora todos sejamos muito mais programados para sentir medo e imaginar tragédias do que para nos sentirmos seguros e confortáveis (junto com os cinco sentidos, a imaginação é nosso principal detector evolutivo de perigo), quem tem TDAH ou TEAV também tem propensão especial a ir na direção da desgraça e da melancolia porque armazenou em seus bancos de memória uma vida inteira de momentos de fracasso, decepção, vergonha, frustração, derrota e embaraço. Se tiverem um instante para refletir sobre o que provavelmente vai acontecer, as pessoas com TDAH vão imaginar e esperar o pior, conforme a vida lhes ensinou. Há fatos demais que corroboram a tese de que, bom, a vida é um lixo.

O trabalho de vanguarda do neurocientista John Gabrieli, professor do Instituto de Tecnologia de Massachusetts (MIT), indica outra razão para as pessoas com TDAH ou com o TEAV terem mais predisposição à negatividade: "Penso na rede de modo padrão como nosso autossistema interno", diz ele. "Ela é meio tagarela." Parte do falatório é boa, parte é destrutiva.

Para parafrasear Gabrieli, quando o TDAH entra em cena, o problema é mais complexo, em especial por causa da chamada *propriedade de correlação inversa* das duas redes. Imagine uma gangorra. No cérebro neurotípico, quando a RPT está ligada e você se dedica à tarefa, a RMP se desliga. Mas, no cérebro com TDAH, a ressonância magnética funcional mostra que, quando a RPT é ligada, *a RMP também se liga*, tentando abrir caminho à força e puxar você para seu controle – ou seja, distraindo você. *Portanto, no TDAH, a RMP compete com a RPT, coisa que não acontece na maioria das pessoas.*

Outro fator importante, segundo Gabrieli, é que, dentro da própria RMP, entre as regiões frontal e posterior, ocorre o contrário: "Em geral, as pessoas têm sincronia na rede de modo padrão. As partes sobem e descem juntas. Não é assim no cérebro com TDAH. Elas ficam desreguladas, sem sincronia." É isso que significa correlação inversa: em vez de trabalhar em uníssono, elas trabalham uma contra a outra.

Como se não bastasse, Gabrieli explica uma questão ainda mais importante que prejudica o cérebro com TDAH: o modo como essas redes interagem, tanto internamente quanto entre si.

"Resumindo a complexidade da RMP e da RPT em apenas uma lição: os interruptores entre elas estão descoordenados em quem tem TDAH."

Em outras palavras, na maioria das pessoas, a RMP não passa tão facilmente para a RPT, porque as engrenagens se encaixam bem e não são defeituosas. Contudo, em quem tem TDAH, as engrenagens estão desmontadas, por assim dizer, e ficamos com essa maldição/dádiva perigosa/maravilhosa. Na verdade, trata-se de um defeito da imaginação, o que explica a confluência entre o criativo e o depressivo que vemos com tanta frequência na mesma pessoa, até na mesma hora.

Quando o lado criativo se expressa, algo belo é criado. Mas aí o lado depressivo critica: "Que coisa feia. Você fracassou de novo." O lado criativo então afunda, até que a resiliência e o dinamismo naturais – ou o interruptor com defeito – o tragam de volta abruptamente.

A bênção e a maldição brigam pelo maior faturamento, pela atenção. Quando traz boas ideias, a RMP é nossa ferramenta de ouro. Entretanto, quando se sobrepõe à RPT e tira nossa consciência, a RMP se torna o Demônio, o lugar do sofrimento, a doença da imaginação. Preso no passado ou no futuro dentro dela, é provável que você abandone projetos que começou com entusiasmo, cometa erros descuidados ou, pior, caia num estado de tristeza e desespero sem nenhuma boa razão.

Todas as pessoas criativas sabem muito bem como é o fenômeno de "estar no clima", no estado de criação, mas logo depois ter uma voz negativa tentando interromper o processo. Trata-se do "interruptor" com defeito, o qual permite que a RMP se intrometa na RPT. Ficar preso nisso é doloroso, e o termo "artista torturado" explica bem esse sentimento. Na verdade, muitos grandes cientistas, inventores, atores, músicos e escritores lutaram contra conexões defeituosas, oscilando entre a criação de grandes obras e o definhamento pelo desespero, muitas vezes buscando alívio nas drogas, no álcool e em atividades compulsivas autodestrutivas.

TDAH E ADIÇÃO

Quando domina, a RMP exige *mais*. Essa vontade pode ser satisfeita por realizações artísticas, iniciativas empreendedoras ou, talvez o melhor de todos, pelo amor. Mas, se e quando seu empenho não dá certo – o livro que você está escrevendo não repercute entre os leitores, o negócio vai à falência, o relacionamento acaba –, é preciso recomeçar a busca por tornar a vida comum mais viva, a fim de satisfazer os anseios da sua imaginação.

Embora essa ânsia possa levar a feitos magníficos de vários tipos, no outro extremo *ela promove adição*. É por isso que todo tipo de vício é de 5 a 10 vezes mais comum em quem tem TDAH do que na população em geral. Convivemos com uma comichão interna que só pode ser coçada de determinada maneira. A realização criativa talvez seja a mais adaptativa, vantajosa e sustentável, enquanto as adições diversas sejam as menos adaptativas e mais destrutivas.

Tudo isso ajuda a explicar o óbvio, visto com tanta frequência: o talento criativo anda de mãos dadas com vícios, depressão, transtorno bipolar, TDAH e todo tipo de transtorno mental. Em boa medida, ele é função da superposição do Anjo e do Demônio, das conexões defeituosas que ocorrem nessa parte do cérebro das pessoas muito criativas e, certamente, em pessoas com TDAH clássico que foram examinadas. E, embora a conexão não tenha sido pesquisada formalmente, também vemos no consultório pessoas com TEAV que, cada vez mais, passam por dificuldade com as adições.

O INTERRUPTOR DEFEITUOSO EM AÇÃO

Agora que você sabe um pouco sobre conexões defeituosas e interruptores que não funcionam direito no cérebro com TDAH, é possível reconhecer quando você ou alguém da família se emperra e qual parte do cérebro tomou conta. Isso tem enorme valor *prático*, não só acadêmico, e falaremos disso adiante.

Antes, no entanto, vamos contar um caso. É sobre Ron, tio de John Ratey. Embora infelizmente ele não esteja mais entre nós, as histórias em torno de seu TDAH são lendárias na família e continuam vivas, contadas com afeto nas reuniões. Professor muito amado do primeiro segmento do ensino fundamental, Ron criou quatro filhos com a esposa Gretchen, que ele adorava.

Certo ano, para comemorar a chegada da primavera depois de um inverno rigoroso, Ron e Gretchen foram comprar flores e plantas para o jardim, além de alguns outros suprimentos para a casa. Eles pararam no estacionamento da loja, saíram do carro e decidiram unir esforços: Ron buscaria as plantas, Gretchen iria para o departamento hidráulico. Com zelo entusiasmado, tio Ron foi direto para a seção de jardinagem. Mergulhou fundo na RMP, vislumbrando como cada tipo de flor e folhagem ficaria no jardim, fazendo anotações mentais sobre onde estavam a pá e as ferramentas na garagem e devaneando sobre como o jardim ficaria lindo quando finalizado.

De volta à casa, cavando a terra, Ron entrou de cabeça no modo tarefa: mediu metodicamente a distância perfeita entre as plantas, abriu buracos perfeitos e uniformes, tomou cuidado com as raízes enquanto tirava as mudas dos recipientes plásticos.

Ele continuou a atividade até Renée, a filha adolescente, aparecer.

— Pai, cadê a mamãe? — perguntou ela.

Ron levou um minuto para se dar conta da situação. De repente, ele percebeu que havia deixado Gretchen na loja. Quando saiu do estacionamento, estava tão concentrado na parte frontal da RMP, planejando o futuro e vislumbrando o jardim, que não se conectou com a parte de trás da RMP, a história que revelava que ele tinha uma esposa adorada e a lembrança de que tinham ido à loja juntos.

Se você acha que ele entrou em pânico, pediu mil desculpas e pensou em sua amada sozinha e esquecida, errou. Tio Ron estava tão mergulhado na RPT, tão concentrado na singela tarefa de concluir aquele projeto, que continuou a alisar cuidadosamente, com uma das mãos, a terra em torno de uma peônia, enquanto com a outra jogava as chaves para Renée e a instruía a pegar o carro e ir lá buscar a mãe.

– Mas, pai – argumentou Renée –, eu só tenho licença de aprendizagem. Não posso dirigir sozinha.

Tio Ron era muito envolvido com os filhos e os amava. Era comum que ele fosse ao lado de Renée enquanto ela dirigia em ruas tranquilas e estacionamentos. Na época dessa história, ele já havia até marcado a prova de direção dela para a semana seguinte, e é óbvio que sabia que a filha só tinha licença de aprendizagem. Porém seu cérebro estava concentrado com tanta rigidez na tarefa de plantar as flores que não foi fácil se conectar com aqueles fatos básicos na RMP.

Deixar a esposa pra trás não foi um incidente isolado.

Gretchen era professora e, quando foi transferida para uma escola próxima de casa, Ron a deixava lá antes de seguir para seu trabalho. Mais de uma vez, ele entrou pela porta de casa no fim do dia e foi recebido por um duro silêncio e pela percepção de que tinha se esquecido de buscar a esposa na volta.

Só anos depois, quando o filho fez testes para identificar o TDAH, Ron descobriu que também tinha o transtorno. O psiquiatra explicou que o TDAH tende a existir nas famílias e perguntou se Ron também queria fazer os testes. Como era de esperar, o diagnóstico foi claríssimo.

Talvez você tenha achado graça das histórias do tio Ron, mas às vezes a consequência de se ter conexões defeituosas e problemáticas no cérebro vai muito além da mera inconveniência de seu parceiro. Os trabalhos escolares, o emprego, os relacionamentos e a sensação geral de bem-estar podem ser gravemente afetados.

Quem tem TDAH ou TEAV luta contra a frustração constante de estar dois passos atrás (isso sem mencionar a ira dos que estão à frente), porque ficamos presos em uma ou outra área do cérebro.

Outro problema muito comum de ficar preso na RMP é a chamada "síndrome da pirueta": voltar várias vezes para conferir se *fez mesmo* o que tinha que fazer. Algumas pessoas ficam nesse ir e vir para ter certeza de que trancaram a porta da frente ou de que não esqueceram os ovos cozinhando no fogão; outras, para procurar algo que acreditam ter esquecido, como os óculos escuros, a carteira. Quando você entra nesse looping, sem prestar atenção, gasta muita energia para conferir, e conferir de novo, se não cometeu uma baita asneira. O mais provável é que tenha trancado a porta, desligado o fogão e posto os óculos no alto da cabeça, mas, como não estava concentrado no momento, a dúvida incômoda o deixa em pânico até que você volte e confira.

Outra maldição do Demônio é o pensamento catastrófico. Nós o chamamos de síndrome de Chicken Little, porque é fácil acreditar que o céu está desabando sobre a nossa cabeça. Uma jovem advogada confessou que tem dificuldade de começar a trabalhar em novas causas, pois pula imediatamente para a parte futura da RMP e fica lá, imaginando sem parar, de forma obsessiva, o que pode dar errado com o argumento, as 5 mil maneiras de o cliente se comportar mal, as 10 mil maneiras de estragar tudo diante do júri. Como ela sabe muito bem, embora seja sempre bom ter alternativas para o caso de algo dar errado, quem fica tempo demais nisso não se concentra na tarefa a cumprir e não consegue trabalhar com efetividade para prevenir esses erros.

É claro que o pensamento catastrófico é uma forma de ruminação. Por exemplo, sua chefe faz um comentário que você entende como crítica. A parte de trás da RMP entra em marcha acelerada e recorda o que ela disse, destrinchando e se perguntando o que você fez para merecer aquilo. Seria mesmo uma alfinetada? Então você se castiga, pensa mais, rumina sobre o que teria dito ou feito para provocar o comentário. Decompõe cada coisa errada que fez ou disse no trabalho e revive a vergonha. A angústia é mais do que suficiente.

Então, há a parte frontal da RMP, onde você avalia profundamente seus planos e faz listas. Você repassa várias e várias vezes o que dirá à chefe para consertar a situação ou pensa em como vai criticá-la e pedir demissão, mas se estressa com a maneira como ela pode reagir, com sua covardia e as consequências. Está convencido de que vai estragar tudo, pois essa é a parte do cérebro que projeta ocorrências humilhantes que voltam a acontecer.

A ASTUTA ARTE DE LUDIBRIAR O DEMÔNIO

Há um ditado famoso entre os neurocientistas: neurônios que disparam juntos se conectam juntos. É certo que, ao ruminar, você faz a mesma coisa várias vezes e, com o tempo, reforça uma conexão *negativa*. Por outro lado, esse entendimento também lança luz sobre a solução: se os neurônios que disparam juntos se conectam juntos (e fazem conexões cada vez mais permanentes), é preciso dispará-los em outra direção. O truque é aproveitar o fato de que a RMP consegue mudar de rumo. Afinal, se ela corre para a escuridão, podemos fazê-la mudar de direção e correr para a luz.

Em outras palavras: *passe mais tempo na RPT concentrando-se numa só tarefa*. Sabemos que você está pensando que *o problema é que* não consegue *se concentrar numa só tarefa!* Mas você consegue, sim. Você já é um mestre da distração, portanto *distraia-se*. A questão aqui não é a produtividade. É mexer no interruptor.

Na prática, isso significa que, no minuto em que passar a ruminar e a cair na negatividade da cisma, procure outra coisa. Qualquer coisa. Dê uma volta no quarteirão. Grite. Dance. Pique legumes. Toque piano. Alimente o cachorro. Cante "A canoa virou" num pé só. Amarre os tênis. Assovie "Marcha, soldado". Assoe o nariz. Pule corda. Comece a latir como um cachorro, a uivar como um lobo, ligue para um programa de rádio e desabafe como um maníaco. Resolva palavras cruzadas. Exercite o cérebro. Leia um livro. Ora, por que não *escrever* um livro? Claro, cave um buraco ou frite um ovo. Ou experimente um exercício respiratório. Escolha um padrão para se concentrar, como 6-3-8-3. Inspire em seis tempos, segure em três tempos, solte o ar em oito tempos, segure em três; repita. Depois de alguns ciclos, você vai entrar na RMP.

O ponto é: *concentre-se em qualquer coisa externa a você. Ativar a RPT vai desligar a RMP.* É difícil, porque a RMP é sedutora, e as mensagens negativas que ela envia são cativantes e convincentes, nascidas de suas experiências passadas, mas não se permita ser arrastado e faça rapidamente algo ativo para engajar a RPT.

Assim que engaja a RPT, em geral você consegue transformar o Demônio no Anjo que era antes. Consegue redirecionar a imaginação para alimentar a RPT com material positivo e construtivo. Então, a RMP se torna o Anjo que deveria ser: imaginação facilitadora. Só quando está em descanso, em repouso, sem criar, ela cospe fogo e se torna o Demônio. Quando se alimenta de si mesma, a imaginação angelical se torna demoníaca. E esse diabo realmente arranja serviço para mãos ociosas.

Aqui vale uma ressalva: embora tenhamos considerado a RPT amiga e aliada, é importante notar que ela não é inocente e que também pode ir a extremos. Na verdade, costumamos dizer que o contrário do TDAH é "transtorno de excesso de atenção". Indivíduos assim são os burocratas, os autômatos, os tipos sem emoção que seguem as regras e só enxergam os detalhes, aqueles que nunca se atrasam e sempre obedecem às normas, mas nunca têm ideias novas e nunca riem. Em geral, estão presos na RPT. Pense no tio Ron e em seu foco analítico nas plantas, perdendo de vista toda a empatia pela esposa querida que esqueceu na loja. Quando ficamos presos na RPT, é fácil pensar nos outros de forma mecânica, não relacional. Quem inventou a expressão "mente de mão única" descreveu sem querer a RPT.

Um estudo feito com gerentes mostrou que os líderes totalmente concentrados nas tarefas são menos acolhedores e amparam menos a equipe do que os outros. Podem ser rígidos, ter a mente fechada e não aceitar ideias alheias. Pesquisas indicam que uma solução rápida seria a ocitocina, chamada de hormônio do amor e do aconchego, que é liberada com um abraço ou um laço social afetuoso. Embora abraços excessivos não sejam adequados no local de trabalho, sem dúvida você pode tentar com as pessoas de que gosta. Para quem tem animais de estimação, é uma receita pronta. E talvez esteja na hora de levar mais animais para o local de trabalho!

O QUE HANK PODE FAZER?

Se Hank soubesse que os pensamentos e sentimentos recorrentes que tanto o atormentam não são representações de uma triste verdade, e sim produto de sua prolífica imaginação, poderia aprender a tirar seu foco desses surtos de medo e ruminação que tanto o perseguem e restringem.

Talvez ele precise de medicação também, mas quem enfrenta algo assim está maduro o suficiente para aprender a desligar a RMP e não alimentar o Demônio. Se encontrar maneiras de usar a imaginação em prol de tarefas construtivas, ele conseguirá transformar a RMP em Anjo, concentrar a mente em alguma coisa útil e, assim, ativar a RPT. Meditação, exercício físico e contato humano também reduzem o poder dos interruptores defeituosos.

Constatamos que essa é uma noção muito útil para muitos de nossos pacientes. Isso é uma novidade recém-saída das gráficas da literatura científica, pronta para reduzir a agonia que a RMP pode criar.

Embora seja complicada em matéria de anatomia, fisiologia, bioquímica e fluxo sináptico, a RMP é fácil de ser entendida pelos leigos quando explicada em linguagem simples. Assim, para recapitular, vamos manter a simplicidade:

Não alimente o Demônio.
Corte o oxigênio dele negando-lhe atenção.
Faça outra coisa que engaje sua mente.
Mantenha-se em ação!

CAPÍTULO 3

A conexão do cerebelo

Conforme explicamos no capítulo anterior sobre a RPT e a RMP, vivemos numa época em que cada vez mais se compreende a criação mais espetacular, complicada, deslumbrante, poderosa, multiforme, desconcertante e, acima de tudo, produtiva de toda a natureza: o cérebro humano. E cada um de nós tem um para chamar de seu!

Aqui estão alguns números sobre o cérebro que talvez você queira saber: longe de ser fisicamente belo, com menos de um quilo e meio (só um terço do peso do cérebro de um cachalote, mas 15 mil vezes mais pesado que o de um peixinho dourado), o cérebro humano adulto abriga cerca de 100 bilhões de células. (A Via Láctea, galáxia igualmente instigante, contém cerca de 100 bilhões de estrelas.) Como cada neurônio se conecta com centenas ou milhares de outros em ligações chamadas *sinapses*, impressionantes 150 trilhões delas dão vida a seu cérebro e ao meu.

Entretanto, continuemos nossa história. Outro importante avanço com relação ao cérebro, de imensas e esperançosas consequências para pessoas com TDAH ou sintomas de TEAV, é a compreensão da região chamada *cerebelo*. Localizado na parte inferoposterior do crânio, com dois lobos na forma de laranjinhas kinkan, o cerebelo é pequeno – ocupa apenas 10% do volume do cérebro –, mas poderoso: contém 75% de todos os neurônios cerebrais.

A existência do cerebelo é conhecida há séculos, tanto é que Leonardo da Vinci, artista italiano da Renascença, já o mencionava em seus textos. Também se sabe que, em colaboração com o sistema vestibular do ouvido interno, ele funciona como um pequeno giroscópio que coordena o equilíbrio e os movimentos físicos. Na verdade, é comum chamar esses componentes combinados de *sistema vestibulocerebelar* (VC), quase um palavrão. Esse sistema também está envolvido na coordenação e no fortalecimento de várias habilidades físicas.

FUNCIONAMENTO INTERNO (O BÁSICO DO VC)

O fato de um peixe ser capaz de se sustentar ou se deslocar na água de maneira automática e inconsciente se deve ao VC, que trabalha o tempo todo para manter o animal equilibrado e "consciente" de se mover na vertical, na horizontal ou na diagonal.

Esse mesmo sistema de orientação evoluiu – estamos falando de milhões de anos, pois os peixes são mais antigos do que nós – nos seres humanos, mas de maneira muito mais sofisticada. Na verdade, tão sofisticada que, depois do nascimento, o cerebelo e o sistema vestibular humanos demoram anos para amadurecer.

Um bebê aprendendo a andar comprova facilmente como o cerebelo humano é imaturo e mal desenvolvido no início da vida. No começo dessa fase, os bebês cambaleiam como bêbados, só que adoráveis. Mas, assim como as crianças pequenas, o VC vem com tudo quando começa a crescer e nos ajuda a dominar novas habilidades físicas.

Consideremos também o exemplo de quem aprende a andar de bicicleta. No começo, quase todo mundo tem dificuldade de se equilibrar e coordenar os pequenos e numerosos movimentos musculares necessários para controlar o balanço e não cair. Aos poucos, a pessoa aprende a fazer as minúsculas correções que mantêm o equilíbrio: seu VC se conecta aos neurônios motores, ela se inclina um pouco para cá ou para lá e, pronto!, logo está pedalando. (Se tivesse que recorrer ao córtex pré-frontal – a parte do cérebro onde ocorre o pensamento crítico – para calcular essas correções, a pessoa cairia todas as vezes, porque o pensamento elaborado nessa região cerebral é cerca de 100 mil vezes mais lento que os cálculos do cerebelo.)

Com alguma prática – mais para alguns, menos para outros –, andar de bicicleta se torna automático, e o processo neurológico necessário se estabelece. Se você ficar algum tempo sem pedalar e se sentir enferrujado quando tentar outra vez, o VC o ajudará a se firmar. Isso porque as vias que o cerebelo cria tendem a durar. Assim, uma vez que aprendemos a andar de bicicleta, podemos passar décadas longe dela e, ao montar de novo, saímos pedalando sem problema algum. Daí a expressão "é como andar de bicicleta" para descrever habilidades que só precisamos aprender uma vez na vida.

Quem se engaja profundamente em atividades que exigem decisões instantâneas e surgidas do nada recorre ao sistema vestibulocerebelar para dar o pontapé inicial: pianistas concertistas, neurocirurgiões, pilotos em pousos de emergência. Mas considere o exemplo de um quarterback em ação. É claro que o equilíbrio físico é importante, porque ele precisa correr e escapar da defesa sem tirar os olhos do campo. Manter o equilíbrio é a tarefa número um. Há muitas outras, no entanto. Se fôssemos enumerar *todas* as observações e cálculos – e as decisões baseadas nisso – que o jogador precisa fazer, a lista teria centenas de itens. E exatamente quanto tempo o jogador tem para tudo isso? Em geral, é aceitável que ele leve 2,8 segundos para fazer algo com a bola – avançar, driblar, correr com ela. Após esse tempo, coisas ruins, como uma roubada de bola, um carrinho, uma falta, acontecem.

Evidentemente, o quarterback não tem tempo para se sentar com um transferidor de grau e uma calculadora antes de decidir o chute. Não tem tempo nem para vasculhar a memória de situações parecidas e resolver o que fazer. O que ele fará, que vemos mais como um reflexo muito bem condicionado do que como decisão real, vem de inúmeras horas de estudo de vídeos, repetições, jogadas ensaiadas, treinos e mais treinos, até que – podendo inovar um pouco na hora H – a decisão se torne praticamente automática. O processo todo, essa cascata de bifurcações cerebrais e disparos sinápticos, está na alçada do magnífico e recém-promovido cerebelo.

É claro que tudo pode dar errado.

Experimente isto: toque a ponta do nariz com o dedo indicador e depois, com o mesmo dedo, encoste em algo uns 30 centímetros à sua frente (a parede, um livro, um móvel). Agora, toque outra vez o nariz com a ponta do dedo. Se for fácil, agradeça ao cerebelo; está funcionando bem, percebendo a distância e a orientação espacial das coisas que você quer tocar. Se você calcular mal a distância até a parede, e da parede ao nariz, ou tocar um ponto no espaço em vez do nariz, você demonstra *dismetria funcional* – dismetria significa "comprimento errado" –, deficiência da avaliação espacial que faz errar o alvo e indica alguma disfunção do cerebelo. Em geral causada por uma lesão (cirurgia, traumatismo, infecção, derrame ou outro "ataque" ao cérebro), os outros sintomas físicos dessa disfunção são perda de equilíbrio e alterações da marcha.

MELHORA DA FUNÇÃO CEREBELAR = MELHORA DOS SINTOMAS DE TDAH

Em 1998, nossa compreensão do cerebelo deu um passo revolucionário com grandes consequências (ainda que inesperadas) para o TDAH. Jeremy Schmahmann, professor de neurologia da Escola de Medicina de Harvard e médico do Massachusetts General Hospital (hoje, diretor do Laboratório Schmahmann de Neuroanatomia e Neurobiologia Cerebelar do hospital), publicou, na revista *Trends in Cognitive Sciences*, um artigo baseado nas pesquisas que fez para testar e observar pessoas com lesões no cerebelo. Intitulado "Dysmetria of Thought" (Dismetria do pensamento), o artigo indicava que a disfunção do cerebelo nos faz perder, além do equilíbrio físico, o equilíbrio emocional. Em outras palavras, do mesmo modo que se sabe há muito tempo que o cerebelo atua como um tipo de giroscópio ou equilibrador do andar e do movimento, o pesquisador explicou que o órgão "regula a velocidade, a capacidade, a coerência e a propriedade da cognição e dos processos emocionais".

Ao mostrar que o cerebelo tem um papel central e decisivo na capacidade de aprender novas habilidades, regular as emoções e manter o foco, Schmahmann ampliou de maneira inovadora o conhecimento sobre a função do cerebelo, atribuindo um papel mais central e muito mais grandioso para as duas laranjinhas kinkan da parte de trás do cérebro.

Na verdade, hoje existe na neurologia uma condição bem conhecida, a *síndrome cerebelar cognitivo-afetiva* (SCCA), ou apenas síndrome de Schmahmann. Ela resulta de danos sofridos pelo cerebelo devidos a derrame, trauma, ressecção cirúrgica de tumores, anomalias genéticas ou outras lesões. Entre os sintomas da SCCA estão problemas da função executiva, do processamento linguístico, da cognição espacial (avaliada pelo desenho de um cubo ou relógio) e da regulação afetiva (emocional). Essa lista parece familiar? Trata-se de uma síndrome muito próxima do TDAH.

Em outro artigo publicado em 2004, na revista *Journal of Neuropsychiatry and Clinical Neurosciences*, Schmahmann lançou a ideia de uma *transformação cerebelar universal* (TCU) que atua como estabilizadora do pensamento, da emoção e do comportamento. Ele chamou a TCU de "amortecedor de oscilações", ou seja, um mecanismo que serve para diminuir as flutuações aleatórias do pensamento, do sentimento e do comportamento. Com o estudo do caso de pessoas cuja TCU sofreu danos, ele a descreveu como capaz de, automaticamente, "suavizar o desempenho em todos os domínios" sem interromper o pensamento consciente, tal como acontece com os ciclistas. Além disso, ela ajuda a manter o que Schmahmann chamou de "linha de base homeostática" para preservar a capacidade emocional e cognitiva com o envio de pequenos sinais que não chegam ao nível da consciência. Isso explica, pelo menos em parte, como conseguimos conduzir o pensamento na mente por uma série de revisões, interrupções e desafios sem nos confundir. Também ajuda a explicar como ficamos empolgados, mas não psicóticos, com uma declaração de amor ou como controlamos a raiva sem perder a coerência. Em vários pacientes lesionados ou prejudicados, essa capacidade estava ausente.

Conforme já mencionado, um modo de pensar no desafio central do TDAH é controlar melhor os freios do metafórico motor Ferrari cerebral, tanto em termos da velocidade de operação quanto do nível de emoção emitida. Se a pesquisa de Schmahmann demonstra que todos os tipos de lesão do cerebelo podem causar a perda do controle do amortecedor de oscilações (os freios), não é exagero postular que, quando se reforça ou se devolve ao cerebelo o funcionamento perfeito, é possível aumentar o poder dos freios e melhorar o controle de pensamentos e emoções sem perder talentos ou capacidade no processo. Com base na pesquisa de Schmahmann – bem como nos achados de outros estudos com ressonância magnética de que a faixa central na linha mediana do cerebelo, o chamado *vérmis*, é um pouquinho menor nas pessoas com TDAH* –, faz sentido pensar que desafiar e estimular o cerebelo/VC, do mesmo modo que levantar pesos desafia e estimula os músculos, poderia reduzir os sintomas negativos do TDAH. Essa ideia é corroborada pelo conceito de neuroplasticidade, segundo o qual o cérebro é capaz de mudar com o passar do tempo (conforme discutido no Capítulo 2). De todas as regiões do cérebro, o cerebelo é a mais plástica, a mais mutável, capaz de promover o crescimento dos neurônios existentes, fazendo com que eles, nos exames, pareçam mais frondosos, com mais ramos interconectados, como a copa das árvores. Enfim, já está provado que é possível levar o cerebelo para a academia e aumentá-lo. E é exatamente isso que vários tratamentos atuais buscam.

NOVOS TRATAMENTOS NA BALANÇA

Uma maneira óbvia de melhorar a saúde vestibular e, talvez, aumentar a força do cerebelo é trabalhar o equilíbrio. Na verdade, a ideia de que os exercícios de equilíbrio melhoram o TDAH (e a dislexia) existe há bastante tempo. Na década de 1960, um homem chamado Frank Belgau inventou uma prancha de equilíbrio. Com base em observações empíricas de que a aprendizagem e o

---

* A diferença não chega a contribuir para o teste de diagnóstico, mas é o bastante para, em grande número de ressonâncias, ser significativa e merecer mais estudos.

equilíbrio avançam de mãos dadas (educador especial em Houston, o próprio Belgau tinha problemas de aprendizagem*), ele desenvolveu seu tratamento para ajudar os alunos. Ele nunca fez os estudos controlados necessários para legitimar cientificamente a eficácia de seu invento e ganhar força comercial, mas obteve muitos adeptos e partidários, tanto que ainda hoje suas pranchas são vendidas e disponibilizadas por uma empresa chamada Learning Breakthrough.

Posteriormente, Robert Melillo, um quiroprático de formação, levou o trabalho de Belgau um pouco mais adiante e escreveu o livro *Disconnected Kids* (Crianças desconectadas). Com base nessa obra, ele criou uma empresa que franqueou mais de 100 instituições de promoção do equilíbrio nos Estados Unidos, chamadas de Brain Balance Achievement Centers. Os protocolos de exercícios de equilíbrio desenvolvidos e oferecidos nesses centros se baseiam nas ideias de Melillo sobre conexão e desconexão entre os hemisférios do cérebro. O programa de Melillo é voltado para crianças com condições mais graves do que o TDAH comum e demanda tratamento presencial três vezes por semana, durante uma hora. Considerando o trajeto, o tempo gasto é longo e, a depender do centro, o custo não é baixo; no entanto, o tratamento é valioso e, em geral, útil para algumas crianças com TDAH ou autismo mais graves.

Outro programa que vale mencionar e que é útil para várias questões – da consciência espacial às dificuldades de aprendizagem – se chama Zing Performance. O filho do Dr. Hallowell usou as técnicas de Zing para resolver um problema de leitura, e sua esposa também se valeu delas para parar de atropelar o meio-fio! O processo ajudou bastante os dois.

---

* Declaração de transparência: O Dr. Hallowell escreveu a introdução de *A Life in Balance* (Uma vida em equilíbrio), memórias de Belgau sobre seu trabalho.

No Zing, o participante passa primeiro por uma avaliação física, presencial ou a distância, de velocidade e precisão do rastreamento ocular e do tempo de atenção. Feita a avaliação, o participante recebe uma série de exercícios para executar por 10 minutos, duas vezes por dia. O programa tem um amplo repertório de exercícios que variam na prática, mas todos estimulam o cerebelo e o sistema vestibular com dificuldades de equilíbrio e coordenação.

Os exercícios incluem estímulos diferentes. Por exemplo, estímulo rotativo, em que você gira várias vezes como fazia quando criança a fim de ficar tonto, para ativar o sistema vestibular; estímulo lateral, que envolve se inclinar de um lado para outro e variações de movimento desse tipo; e estímulo vertical, com pulos e saltos no mesmo lugar ou à frente.

Talvez você tenha que ficar numa prancha móvel, parecida com a desenvolvida pelo Sr. Belgau. Quando ficar bom nisso, deve se manter na prancha com os olhos fechados. Então, ainda de olhos fechados, faça alguns cálculos aritméticos simples ou repita uma série de números de trás para a frente. Quando abrir os olhos, terá que jogar uma bola, depois duas, para cima e pegá-las sem sair da prancha oscilante.

Não importam os detalhes; a dificuldade dos exercícios aumenta conforme o participante avança no programa, que em geral leva de três a seis meses. Sem dor, sem ganho! E o ganho é evidente. Esses exercícios, se realizados fielmente, põem o sistema vestibular para trabalhar, e muitos relatam melhora subsequente dos sintomas do TDAH.

A Zing busca obter financiamento e apoio para fazer um estudo controlado e randomizado que testará o padrão-ouro de sua eficácia. Enquanto isso, a empresa apresenta números impressionantes de apoio ao método. Cinquenta mil pessoas de todas as idades passaram pelo programa Zing para tratar TDAH e/ou dislexia. De acordo com seu fundador, Wynford Dore, 80% dos pacientes têm sucesso significativo. O próprio Dore confia tanto no tratamento que se compromete a devolver o dinheiro aos inscritos que ficarem insatisfeitos; ele diz que é muito raro alguém pedir reembolso. (Para saber mais e ver a entrevista do Dr. Hallowell com Wynford Dore, visite distraction.zingperformance.com.)

Um comentário pessoal: já vimos tantos possíveis avanços não darem em nada que ficamos um pouco desconfiados. Aprendemos a sabedoria de dizer "quando aparecer um tratamento novo e empolgante, corra para fazê-lo, enquanto ainda dá certo". Testemunhamos vários tratamentos, de novos remédios a aparelhos e jogos cerebrais, passarem de melhor coisa desde a invenção da pólvora até valerem menos que um estalinho de festa junina. No entanto, o Dr. Hallowell ofereceu o tratamento Zing a alguns pacientes e obteve bom resultado. No mínimo, é mais uma ferramenta, com potencial de mudar o jogo.

O OUVIDO INTERNO E UM MÉDICO FORA DA CAIXINHA

Mais de vinte anos antes de o Dr. Schmahmann publicar seu trabalho sobre a sensibilidade do cerebelo e o funcionamento do ouvido interno, um médico pioneiro – ou fora dos trilhos, dependendo do ponto de vista – começou a ter sucesso com tratamentos do TDAH (e da dislexia) que a pesquisa do Dr. Schmahmann talvez venha a explicar. Trata-se do Dr. Harold Levinson. Enquanto escrevemos este livro, ele ainda está ativo, embora seja considerado pouco convencional. Seu protocolo de tratamento é receitar medicamentos para enjoo de movimento, como meclizina (Meclin), dimenidrinato (Dramamine, Dramin) e, mais recentemente, difenidramina (Benadryl) para pessoas com TDAH e dislexia. Admiramos o Dr. Levinson pela coragem de defender sua posição, principalmente porque ele afirma que seus pacientes obtêm um resultado excelente. É difícil acreditar que continuariam a consultá-lo durante décadas se não obtivessem desfecho positivo com seu protocolo incomum – que talvez não soe mais tão maluco.

Agora que está ficando mais claro que o ouvido interno e o sistema vestibular têm papel significativo no TDAH, na dislexia e numa série de outros problemas, talvez o Dr. Levinson conquiste mais respeito. Por outro lado, nenhum de nós receita anti-histamínicos ou medicamentos para enjoo de movimento para pacientes com TDAH, dislexia ou TEAV porque não vimos nem estudamos minuciosamente os benefícios. Porém ambos concordamos com a quantidade de indícios de que o sistema vestibulocerebelar está muito mais envolvido nessas condições do que se achava antes.

RELATO DE CASO

Recentemente, o Dr. Hallowell usou o estímulo do sistema vestibulocerebelar durante uma consulta fascinante, mas muito incomum, de um menininho em Xangai. A história, contada a seguir pelo próprio médico, mostra, além do poder do equilíbrio, os outros temas que enfatizamos neste livro: o poder da conexão e a importância de se concentrar nos pontos fortes em vez de nos pontos fracos.

Em outubro de 2018, numa ensolarada manhã de segunda--feira, eu estava no palco espaçoso de um anfiteatro de Xangai diante de uma plateia de uns 250 chineses adultos, 90% deles mulheres – mães, professoras e, como descobri depois, algumas avós.

Já fizera milhares de apresentações, mas naquela ocasião eu estava mais nervoso do que nunca. Tinha chegado a Xangai no dia anterior e, finalmente, descobriria se minhas ideias teriam alguma influência na China, país com uma cultura muito diferente da minha, com 3 mil anos de história, um idioma totalmente diferente, o quádruplo da população e uma forma de governo sobre a qual li a vida inteira mas ainda não entendo.

Pelo menos, eu entendia o TDAH. Fazia tempo que sonhava em levar minha abordagem ao outro lado do oceano para ajudar as crianças da China, mas não fazia ideia de como os chineses a receberiam. Minha ênfase na conexão humana colaria? Um país que ainda usava castigos físicos na escola seria receptivo a um americano que promovia a ideia de ajudar as crianças a se sentirem em segurança na sala de aula? Como os chineses me entenderiam quando eu dissesse que, como os computadores guardam as memórias melhor do que os seres humanos, os professores deveriam enfatizar o desenvolvimento da imaginação nas crianças em vez da decoreba mecânica? Será que todo o conceito de problemas emocionais e de atenção seria descartado como um problema disciplinar disfarçado?

Em segundos, eu descobriria. Com o intérprete ao lado, inspirei fundo e comecei a falar. Nunca tinha feito isso: falar em frases curtas, fazer uma pausa para a tradução, continuar de onde parei, parar outra vez. De novo também era o fato de que eu não tinha anotações, slides, nenhum tipo de roteiro. O grosso da palestra descrevia o comportamento, o diagnóstico e o tratamento compassivo e baseado em pontos fortes de um personagem imaginário, um menino cujas características e problemas foram inventados para proteger a privacidade, mas totalmente inspirado em pessoas reais de meu consultório.

A princípio, não consegui entender o público. Aquelas mulheres me fitavam com olhos vazios, como se, bem, eu falasse inglês e elas, mandarim. Porém, conforme as rajadas de tradução começaram a ser absorvidas e eu as observava em silêncio escutando o intérprete, percebi que suas expressões faciais mudavam um pouquinho. Quando se trata de expressões faciais, um pouquinho já é suficiente. Por menores que sejam, dizem muito.

Comecei a me alimentar da energia da plateia e fiquei cada vez mais animado. Pude ver que riam um pouco de mim – na verdade, davam risadinhas –, mas percebi que eram risadinhas afetuosas. Também senti que minhas ideias reverberavam, eram absorvidas e compreendidas. Comecei a ver lágrimas escorrerem por aqueles rostos.

Ao fim da palestra, recebi muitos aplausos, e algumas pessoas da plateia vieram ao palco me conhecer ou comprar um exemplar de Tendência à distração *traduzido para o mandarim.*

Uma mãe se aproximou e, nervosa, ficou parada à minha frente. Depois que as outras falaram, notei que ela ainda não tivera oportunidade e que se continha educadamente. Assim, convidei-a a falar. Ela me agradeceu e disse que o filho de 7 anos se encaixava perfeitamente no relato sobre o menino com problemas de atenção que eu citara na palestra. Enquanto ela o descrevia, tive que me esforçar para me conter. "Temos que ajudá-lo do jeito que precisa", alertei. "Agora mesmo." Mas como?, me perguntei. Como a mãe morava ali em Xangai, sugeri que trocássemos e-mails e tentássemos traçar um plano.

Nos meses seguintes, foi exatamente o que fizemos. O que se seguiu foi o caso mais inusitado de meus quarenta anos de carreira. Só encontrei pessoalmente a mãe, que chamarei de Lily, aquela única vez por cerca de um minuto. Nunca conheci seu filho, o paciente – vamos chamá-lo de Samuel.

No entanto, ela não se deixou dissuadir por esses fatos, porque achava que não encontraria em Xangai a ajuda de que Samuel precisava. Perguntei-lhe por e-mail o que eu poderia fazer a mais de 11 mil quilômetros de distância para ajudar seu filho, sem sequer conhecer a mãe, o menino, o pai, a escola, a professora, o idioma, o currículo, os costumes, o país, os recursos... basicamente, sem conhecer nada.

Foi aí que minhas próprias características de TDAH e TEAV entraram em ação. O desafio me deu energia. Parecia o tipo certo de dificuldade para mim (ver Capítulo 5!). Lily queria que eu tentasse. Achei que mal eu não faria. Assim, respondi, por e-mail: "Vamos tentar."

Primeiro, tive que fazer o histórico e o diagnóstico. Samuel estava com dificuldades na escola. Lily me mandou uma foto dele: um menino muito bonitinho, de bermuda azul e camiseta amarela, jogando futebol ao ar livre. Parecia alegre, simpático e feliz, mas a mãe me contou sobre a dificuldade que ele tinha para se concentrar e lembrar instruções, e mencionou que as notas estavam piorando. Samuel ficava mais infeliz a cada dia.

Acrescentemos ao histórico que ele era canhoto e foi "corrigido", como dizem os chineses, e agora escrevia com a mão direita. Eu sabia que esse tipo de "correção" costuma causar seus próprios problemas.

Sem saber se Lily aceitaria ou se conseguiria entender, enviei-lhe os critérios do TDAH no DSM-5 e pedi que marcasse todos os sintomas que achasse que se aplicavam a Samuel. Ela respondeu imediatamente, menos de 24 horas depois de eu ter clicado "Enviar" em meu e-mail. Na opinião de Lily, Samuel tinha todos os sintomas listados no DSM-5. Se fosse *uma avaliação tradicional, o diagnóstico seria claro: TDAH do tipo combinado.*

O tratamento psiquiátrico depende, mais do que tudo e mais do que em outras especialidades, do relacionamento entre paciente e médico. Embora em termos técnicos o paciente fosse Samuel, em termos práticos era Lily, e nós dois tínhamos começado muito bem.

Apesar de tudo o que havia contra nós, no lado positivo Lily falava e escrevia um bom inglês, tornando irrelevante o fato de eu não saber mandarim. Além disso, ela era muito motivada e já tinha demonstrado que queria trabalhar comigo para ajudar o filho.

Mas tive que me perguntar se eu conseguiria criar um plano de tratamento que Lily pudesse implementar simplesmente seguindo minhas sugestões por e-mail. Ela não tinha acesso fácil a psiquiatras, portanto não haveria nenhum médico envolvido na China, ou seja, não poderíamos usar medicação.

A gente trabalha com o que tem. Fomos abençoados por termos internet, que dava rapidez à comunicação, além de uma mãe imensamente inteligente e determinada, sem falar, no fim das contas, de um menininho imensamente inteligente e motivado.

Aquilo começava a ficar divertido, embora, sem dúvida, fosse um desafio. Montei um plano de tratamento baseado nos seguintes elementos:

1. *A confiança que estabeleci com Lily.*
2. *Ela ter lido o meu livro, o que lhe permitiu explicar meu histórico e minhas recomendações ao marido, a Samuel e às professoras.*
3. *Um modelo baseado em pontos fortes. Lily explicou a Samuel que o cérebro dele era um carro de corrida, mas*

com freios de bicicleta. Eu lhe disse que era fundamental que ele entendesse que seu cérebro-carro era um ótimo patrimônio, do qual devia se orgulhar. Só era preciso trabalhar com os freios para que ele vencesse a corrida e se tornasse campeão.

4. *Conexão e afeto humano.* Pedi a Lily que abraçasse muito Samuel, de manhã e de noite, e lhe dissesse que o amava muito. Insisti na importância do toque físico. Como ele recebia muitas repreensões na escola, precisava de muito amor em casa. Também instruí que pedisse à escola que parassem de bater nele. Caso se dispusessem a acabar com o castigo corporal, eu tinha certeza de que Samuel progrediria muito mais depressa. Minha humilde sugestão à escola foi: "Tentem tratá-lo com afeição e bondade."

5. *Promoção de uma mentalidade positiva.* Pedi a Lily que adotasse com Samuel uma abordagem constante de "você consegue" para implantar nele a convicção de que, além de poder, ele teria sucesso.

6. *Leitura em voz alta para ele toda noite.*

7. Todo dia, antes da escola, Lily deveria dizer ao filho que o amava muito, que ele tinha um cérebro velocíssimo, mas que precisava fortalecer os freios para ganhar a corrida, que um dia seria campeão e daria muito orgulho à família e ao país.

8. *Levar Samuel para fazer exercícios de equilíbrio (estímulo do cerebelo).*

Samuel já jogava futebol e praticava muita atividade física tradicional. Assim, passei a Lily um conjunto de exercícios que desafiam o equilíbrio e a coordenação. Era minha versão caseira do programa Zing, como expliquei a Lily: Samuel deveria fazer os exercícios de equilíbrio durante 30 minutos por dia, na ordem que ele quisesse. Ga-

ranti que ele pudesse mudar de ordem, para variar. Pedi a ela, se fosse possível, que conseguisse uma prancha instável, com a base arredondada para dificultar o equilíbrio. E que também conseguisse uma bola inflável para exercícios grande o suficiente para que ele se sentasse sem que os pés tocassem o chão. Os exercícios eram os seguintes:

1. *Ficar numa perna só por um minuto ou até cair.*
2. *Ficar numa perna só de olhos fechados por um minuto ou até cair.*
3. *Tirar as meias e calçá-las sem se sentar.*
4. *Ficar sobre a prancha instável o máximo que puder, até 5 minutos, e repetir com os olhos fechados.*
5. *Sentar-se na bola de exercício com os pés longe do chão o máximo tempo possível, até 5 minutos, e repetir com os olhos fechados.*
6. *Pôr cinco cartas de baralho no chão. De pé, apoiando-se num pé só, curvar-se e pegar uma carta de cada vez.*
7. *Ficar na posição da prancha (cotovelos no chão, pés estendidos para trás) por até 3 minutos.*
8. *Aprender malabarismos com bolas e passar de três a 5 minutos praticando.*

Samuel começou os exercícios na mesma hora, e Lily também cumpriu sua parte do programa. Ela o abraçava e pediu ao marido que fizesse o mesmo. Eles mudaram sua abordagem para falar com Samuel e pediram à escola que também mudasse. Para ajudar sua causa, Lily levou nosso livro à professora principal, que, por sua vez, o levou à diretoria. Quando Samuel começou a melhorar, eles concordaram em parar com os castigos físicos.

Pelo que Lily contou, Samuel obteve melhoras em algumas semanas, de forma perceptível. Seu desempenho na escola também tinha melhorado: estava mais concentrado, perturbava menos a turma e tinha mais sucesso nos deveres de casa e na participação em aula. Parece que a notícia de sua transformação se espalhou como uma boa fofoca, disse ela. Os pais dos outros alunos quiseram saber o que estava acontecendo com Samuel. Por que suas notas estavam subindo tanto? Perguntaram a Lily o que ela estava fazendo de diferente. Sem gritos, sem pancadas, explicou ela. Muitos se surpreenderam ao ver que o marido de Lily seguia o plano, mas ninguém podia questionar o resultado: o comportamento melhor e a felicidade maior de Samuel. Lily contou que os outros ficaram impressionados. Tudo isso aconteceu em poucas semanas, e continuou durante meses.

Conexão. Educação. Exercícios com ênfase no estímulo do cerebelo. Um modelo baseado em pontos fortes.

Certo dia, Samuel ganhou um chocolate por ter tirado a melhor nota na prova de mandarim. Ele levou o doce para casa e o entregou a Lily. Ela lhe perguntou:

– Quer comer o chocolate agora?

– Ah, não, mãe – respondeu ele. – Esse chocolate é importante demais para comer.

O primeiro elemento essencial dessa história de sucesso foi a conexão. Conectar-me pessoalmente com a mãe em minha palestra foi fundamental. Embora eu não falasse mandarim, Lily falava inglês, e usamos softwares de tradução para preencher as lacunas. As informações que dei abriram os olhos de Lily, foi um momento de "ligar os pontos": de repente, ela viu o que estava acontecendo com Samuel. Ele não era preguiçoso. Não precisava de surras e castigos. Precisava aprender a controlar seu cérebro-carro. Lily teve agilidade mental suficiente para entender na mesma hora e avançar a partir daí.

Depois que fizemos a conexão e criamos confiança, o elemento essencial seguinte foi a educação. Envolver os pais e as várias professoras com tanta rapidez, em comparação com o que eu fazia nos Estados Unidos, foi espantoso. Com base no que tinham me contado antes de ir à China, eu esperaria o contrário.

Entretanto, criar o ambiente certo na escola foi essencial. O fato de a escola se dispor a fazer tudo o que sugeri dá muito crédito a tal instituição. Sem isso, Samuel nunca teria alcançado o sucesso.

Também foi importante o fato de terem entendido a analogia do TDAH como um "carro de corrida com freios de bicicleta", porque a comparação é precisa sem ser vergonhosa. Isso permitiu que Samuel aspirasse a se tornar um campeão desde que regulasse os freios, mas lhe lembrou que havia trabalho a fazer. O segredo aqui foi usar o modelo com constância. Em vez dizer "você é um menino mau" ou "comporte-se!", Lily dizia "seus freios estão falhando". Ela ainda intervinha e deixava claro que determinados comportamentos precisavam parar ou mudar, mas não o fazia por meio da vergonha. Isso é fundamental para o crescimento e o sucesso da criança a longo prazo. A vergonha é a deficiência de aprendizagem que mais incapacita.

Os exercícios para o cerebelo foram a principal – na verdade, a única – intervenção estritamente terapêutica que usei com Samuel. Eles fizeram maravilhas. Com toda a franqueza, fiquei espantado ao ver a rapidez com que ele progrediu. Agora, quase três anos depois, ainda mantenho contato com Lily. Ela me conta que o progresso continua e que Samuel está prosperando.

Quão significativo foi isso tudo para ele? Tão significativo que o chocolate se tornou precioso demais para comer. Não consigo imaginar uma criança de 7 anos que exprima orgulho de forma mais ardente do que essa.

CAPÍTULO 4

O poder curativo da conexão

Em 1985, o Dr. Vincent Felitti, então diretor de medicina preventiva do plano de saúde Kaiser Permanente, em San Diego, administrava um ambulatório de obesidade para mulheres e obtinha resultados muito bons. No entanto, ele via um fenômeno recorrente que não sabia explicar: muitas pacientes que iam bem abandonavam o programa antes de atingir a meta, apesar do sucesso inicial na perda de peso. Uma mulher que precisava perder 130 quilos perdia 40, e aí, por nenhuma razão aparente, saía repentinamente do programa.

Naturalmente curioso, o Dr. Felitti decidiu entrevistar essas mulheres com mais detalhes. Ele precisava saber o que estava acontecendo. Uma das perguntas que fazia era: "Com que idade você teve sua primeira experiência sexual?" No entanto, certo dia, cansado de tantas consultas, o Dr. Felitti fez a uma mulher um questionamento que achou absurdo assim que o proferiu: "Quanto você pesava quando teve sua primeira experiência sexual?" Esta acabou sendo, no entanto, a pergunta mais importante que fizera, a ponto de entrar para a história da medicina.

Para a surpresa de Felitti, a mulher não achou a pergunta absurda. Extremamente dolorosa, com certeza, mas não absurda.

– Dezoito quilos. Eu tinha 4 anos e foi com meu pai – respondeu ela, caindo em prantos.

Esse era apenas o segundo caso de incesto que o Dr. Felitti encontrava, então ele não esperava conhecer mais outros. Porém, como ficou curioso com a possível conexão entre trauma e controle do peso, acrescentou a pergunta ao roteiro regular de entrevistas. Quanto maior o número de mulheres entrevistadas, mais comuns ficavam os relatos, não só de incesto, mas de uma série de outros tipos de abuso sexual em seu histórico.

Acontece que muitas mulheres abandonavam o programa de emagrecimento do Dr. Felitti porque perder peso as deixava insuportavelmente ansiosas e vulneráveis. Ter a circunferência larga as ajudava a se sentirem a uma distância segura do desejo masculino de atacá-las. Assim, embora soubessem que a obesidade aumentava o risco de adoecer, elas não queriam abandonar a proteção que, aparentemente, o sobrepeso lhes dava.

A descoberta acidental de Felitti levou a um estudo histórico, uma das maiores e mais importantes pesquisas sobre saúde pública já feitas. De 1995 a 1997, os pesquisadores entrevistaram cerca de 17 mil participantes, todos do plano de saúde Kaiser Permanente. Em geral, eram moradores de San Diego, brancos, de classe média alta e com bons médicos, então os achados não poderiam ser atribuídos à pobreza nem à falta de acesso ao melhor tratamento. Os pesquisadores fizeram 10 perguntas de sondagem sobre ocorrências de trauma ou abuso físico ou emocional (incluindo ter presenciado algo traumático), exposição ao uso de álcool e drogas (isto é, estar em presença de um adulto que abusava dessas substâncias) e saúde mental familiar. O resultado foi espantoso: dois terços relataram uma experiência no chamado Questionário de Experiências Adversas na Infância, ou EAI; 20% citaram três ou mais experiências; 13% marcaram quatro ou mais.

Desde esse achado inicial, os Centers for Disease Control dos Estados Unidos continuaram o estudo, e, em muitas clínicas, o teste de EAI se tornou uma ferramenta-padrão de triagem por permitir prever problemas de saúde física e mental do adulto: a pontuação de 4 ou mais está ligada a um aumento de 390% de doença pulmonar crônica; de 240% de doença do fígado; de 460% de depressão; e de 1.229% de tentativas de suicídio. Até mesmo a pontuação de 1 está ligada ao aumento expressivo de alcoolismo, depressão e divórcio na idade adulta.

O Dr. Vivek Murthy, autoridade máxima em saúde pública nos Estados Unidos e autor do livro *O poder curativo das relações humanas: A importância dos relacionamentos em um mundo cada vez mais solitário*, citou ainda outra condição desfavorável: a solidão, problema médico número um do país. Num ensaio publicado na *Harvard Business Review*, ele disse:

> Nos anos em que cuidei de pacientes, a patologia mais comum que encontrei não foram as doenças cardíacas nem o diabetes; foi a solidão. A solidão e as conexões sociais fracas estão associadas a uma redução da expectativa de vida semelhante à causada por fumar 15 cigarros por dia e ainda maior do que a associada à obesidade. A solidão também está ligada ao aumento do risco de doença cardiovascular, demência, depressão e ansiedade. No trabalho, a solidão reduz o desempenho nas tarefas, limita a criatividade e prejudica outros aspectos da função executiva, como o raciocínio e as decisões. Para a saúde e o trabalho, é imperativo resolver rapidamente a epidemia de solidão.

Isso é muito importante em nossa história do TDAH porque, como provavelmente você já adivinhou, a pontuação no EAI é muito mais alta nas famílias em que há TDAH nos pais, nos filhos ou em ambos. Como o lado negativo do TDAH – os freios ruins – provoca comportamento impulsivo e, muitas vezes, descontrolado, o pai ou a mãe tem mais probabilidade de maltratar ou agredir o filho, e o filho tem mais probabilidade de provocar, afastar ou atacar os pais. É uma configuração perigosa para ambos os lados, pais e filhos.

O AMOR CURA

Se já houve alguma dúvida, o estudo de EAI prova, de uma vez por todas, que coisas ruins na infância – abuso, negligência, violência, uso de drogas, solidão, pobreza, caos – geram coisas *muito* ruins na idade adulta. Mas há um antídoto igualmente claro. A conexão – a conexão positiva que, em seu aspecto mais refinado, é chamada de amor – tem um poder curativo incrível. Kelli Harding, psiquiatra e professora da Universidade de Colúmbia, reuniu boa parte das pesquisas sobre o poder do amor e da conexão no livro *The Rabbit Effect* (O efeito do coelho). O título deriva de um estudo com coelhos que receberam uma dieta rica em gordura para verificar o efeito do colesterol alto na saúde do coração. Não surpreende que, na autópsia, os coelhos apresentassem grandes depósitos de gordura nas artérias coronárias. Eles não estavam saudáveis.

Porém, essa alteração não aconteceu com um grupo anômalo de coelhos, que apresentou 60% menos depósitos de gordura do que os outros. Mesma alimentação, mesma raça de coelhos, mesmo laboratório, mesma idade, sendo a única diferença a quantidade de gordura no coração. Foi um total mistério para os pesquisadores.

Por serem bons cientistas, eles procuraram por uma explicação. E a variável que se destacou e acabou dando a resposta não tinha nada a ver com alimentação, atividade física, genética nem nenhuma das outras razões geralmente esperadas por pesquisadores. A explicação estava na gentileza da técnica de laboratório que cuidava desses coelhos. Enquanto os alimentava e limpava suas gaiolas, ela os provia de afeto, conversas e carinho, mimando-os tal como um tutor amoroso mima seu bichinho de estimação favorito. Não era uma mera técnica de laboratório, era uma provedora de amor. O amor fez diferença.

Com relação aos seres humanos, um famoso projeto de pesquisa conhecido como Estudo Grant – no qual pesquisadores da Escola de Medicina de Harvard estudaram 268 segundanistas das turmas de 1939 a 1944 da universidade e os acompanharam pelo resto da vida – ganhou destaque com George Vaillant, daquela instituição, nos quarenta anos em que ele monitorou o estudo. Sob um novo pesquisador, o psiquiatra Robert Waldinger, também de Harvard, a pesquisa ainda está em andamento, tornando-a o estudo longitudinal mais prolongado já realizado sobre o desenvolvimento de adultos. Sua principal conclusão é bela e convincente em sua simplicidade. O fator mais importante que permite prever saúde, longevidade, sucesso ocupacional, renda, capacidade de liderança e felicidade em geral se resume a uma palavra de quatro letras. "É o amor", foi a frase famosa de Vaillant. "Ponto final."

No resumo dos achados do Estudo Grant, publicado em *Triumphs of Experience: The Men of the Harvard Grant Study* (Triunfos da experiência: os homens do Estudo Grant de Harvard), Vaillant escreveu sobre uma das lições mais importantes da pesquisa: para o amor fazer sua mágica de sustentação, o indivíduo amado precisa ser capaz de receber esse amor e metabolizá-lo, para usar as palavras de Vaillant. Assim, ainda que não tenha tido amor na infância e que se sinta vazio aos 25 anos, você pode se sentir contente e realizado aos 75 se tiver aprendido a receber amor em vez de rejeitá-lo.

O Dr. Hallowell pode atestar pessoalmente a verdade do achado de Vaillant. Sua pontuação de EAI é 8. Considerando que com 4 pontos o risco aumenta, um 8, obviamente, o deixava em alto risco. Ele podia ser uma pessoa distante dos filhos, deprimida, viciada, sem trabalho, doente, solitária e à beira da morte. Porém, contrariando tudo isso, tem um casamento feliz de mais de 33 anos e criou três filhos queridos e bem ajustados, e, enquanto escrevemos este livro, conta 71 anos saudáveis.

Em termos estatísticos, o Dr. Hallowell é um ponto fora da curva, alguém que venceu uma probabilidade extrema de dar errado. Mas ele sabe por que venceu e por que quase todas as pessoas como ele vencem: pelo poder insuperável da conexão positiva, que é a "vitamina conexão", ou, como gostamos de dizer, "a outra vitamina C". Em seu caso, ele teve uma conexão muito mágica e amorosa com a avó, a quem chamava de Gammy. Consciente das dificuldades e sensível às necessidades do menino, parece que ela assumiu a missão de lhe proporcionar um porto seguro. O tempo que passaram juntos foi memorável e precioso. Como ele diz,

> Gammy transformava a simples tarefa de descascar um ovo cozido em uma busca cuidadosa por um reino dourado chamado Gema. Transformava um dia de chuva em festa, um taco de críquete em cetro de rainha. Pegava um menino triste, aborrecido por causa das palavras grosseiras de um amigo, e o transformava em um poço de gargalhadas, para usar uma de suas expressões preferidas. Conseguia tornar o pior dos dias um dia encantado. Só de saber que eu visitaria Gammy, já me sentia revigorado.

SENTIR-SE COMPREENDIDO

Criar ambientes confortáveis e conectados de forma positiva é a etapa mais importante para ajudar pessoas de todas as idades a aproveitar a vida ao máximo. E a falta de conexão magoa principalmente as pessoas que têm TDAH.

No livro *The Globalization of Addiction* (A globalização da adição), Bruce Alexander usa o termo "deslocamento" (*dislocation*), cunhado pelo economista político Karl Polanyi, para se referir à perda de "integração psicossocial". Ele explica que o deslocamento é psicologicamente tóxico e insustentável, capaz de causar péssimas situações ao indivíduo: comportamento prejudicial, ansiedade extrema, isolamento, evasão escolar, uso de drogas, depressão e ideação suicida, desenvolvimento de transtornos alimentares, automutilação, baixo desempenho no trabalho, desemprego, dificuldades conjugais. E essa lista desanimadora não acaba.

Embora o foco de Alexander seja a adição – de todos os tipos, inclusive às telas –, suas palavras descrevem perfeitamente como as crianças com TDAH se sentem na sala de aula e como os adultos com TDAH se sentem em seu mundo. Incompreendidos, alienados, abandonados, do lado de fora olhando para dentro.

Às vezes, literalmente do lado de fora. Dav Pilkey, escritor e ilustrador que criou a amada série do Capitão Cueca (e muitos outros livros infantis), passou a maior parte do ensino fundamental sentado sozinho no corredor, depois de ser castigado pelo diretor com uma palmatória. É terrível que milhões de crianças com TDAH sofram igualmente com a falta de conexão constante apenas por serem diferentes, porque sua mente é um carro de corrida com freios ruins e os outros não entendem. Em geral, quem tem TDAH é muito sensível e começa a construir defesas; não demora, ficamos solitários, sofremos implicância, somos rejeitados ou, quando adultos, não subimos na empresa, e os outros se perguntam por quê, mas não de forma prestativa.

A experiência de conviver com esse problema é como fazer parte de uma minoria invisível. Mesmo que se torne visível, mesmo que seja identificado e tratado, você ainda enfrenta preconceito: "Ah, ele precisa de educação especial." "É um retardado." "Tem TDAH, nem sei o que é isso." "Toma ritalina." O estigma é que manda.

Principalmente quando crianças, não precisamos de castigos nem de ridicularização. Precisamos, sim, de algo fácil e gratuito: a vitamina conexão. Sem ela, nos sentimos cada vez mais separados, sozinhos e isolados. "Integração psicossocial" é uma expressão complicada, mas significa uma força acolhedora e maravilhosa que todos podem entender e da qual toda criança e todo adulto, em todas as organizações, deveria receber várias doses por dia. Ela deveria ser o fluido vital de todas as famílias, escolas e empresas.

Peter, como vamos chamá-lo, é o típico paciente que recebemos no consultório, e os contornos de sua história indicam a enorme importância da conexão. Quando tinha 16 anos e estava no primeiro ano do ensino médio, ele foi ao consultório do Dr. Hallowell com os pais. Segundo os relatos de pais e professores, era muito inteligente e imensamente talentoso, mas tinha dificuldade de concluir as tarefas, e as notas não lhe faziam justiça. Ele achava que os professores eram bem-intencionados, mas também se sentia esgotado com o esforço de se manter na linha o tempo todo. Acreditava que era "burro" e, em geral, não tinha motivação para a escola, que passara a odiar. Não fosse pelo pai pediatra que provavelmente tinha TDAH e pela inteligente mãe neurocientista, seria um candidato ao centro de reabilitação. Eles acreditaram no filho e se mantiveram conectados com ele enquanto tentavam ajudá-lo a encontrar seu caminho.

Quando Peter conversou com o Dr. Hallowell sobre o que realmente lhe interessava, ficou claro que ficava mais feliz quando trabalhava com marcenaria. A família montou um plano: Peter iria para a escola técnica local para fazer o segundo ano, e seu pai concordou em montar uma oficina no porão para que o menino explorasse plenamente seu talento. Também houve outras estratégias: ele tentou o tratamento de estímulo do cerebelo (ver Capítulo 3) e conversou com o Dr. Hallowell sobre a natureza da rede de modo padrão do cérebro (ver Capítulo 2) e como ela contribuía para as cismas e as ruminações de Peter. Finalmente, o Dr. Hallowell receitou um medicamento *off-label* (amantadina – ver Capítulo 8), que achou que ajudaria Peter, pois os outros medicamentos que o rapaz experimentou não funcionaram. O Dr. Hallowell deixou claro que o caminho não seria tranquilo, mas, com a confiança dos pais e, agora, a conexão afetuosa com o Dr. Hallowell, Peter disse à mãe (que depois contou ao médico) que pelo menos se sentia compreendido e, pela primeira vez em muito tempo, tinha esperança.

Quando o próprio Dr. Hallowell estava na primeira série, uma professora incrível foi compreensiva, sugerindo um antídoto potente para o deslocamento:

> Na primeira série, eu não sabia ler. Na aula de leitura, nos revezávamos para ler em voz alta: "Veja Spot correr, correr, correr, correr, para cima, para cima, para cima, para baixo, para baixo, para baixo." Simples. Mas eu não conseguia. Tinha dislexia. Na época, a não ser que a professora fosse sábia, a criança era chamada de *lenta*, o que significa burra, e quando chegava sua vez de ler, a professora a pulava. Mas a Sra. Eldredge, minha professora, era sábia. Ela não me pulava. Só vinha se sentar a meu lado quando chegava minha vez e me abraçava bem junto do corpo dela. Enquanto eu bal-

buciava e gaguejava em "para cima, para cima, para cima", nenhuma criança ria de mim, porque eu estava protegido. O braço da Sra. Eldredge foi meu plano de tratamento. Ela me deu integração psicossocial. Todos os dias.

Isso foi incrível. Era tudo o que ela podia fazer. Ela não podia curar minha dislexia, e na escola não havia nenhum tutor de Orton-Gillingham,* mas não foi preciso mais nada. Com aquele braço, com o poder da conexão, ela curou as verdadeiras deficiências de aprendizagem: o medo, a vergonha e a crença de que não conseguimos fazer alguma coisa. Até hoje, sou um leitor lentíssimo – minha mulher implica comigo dizendo que não consegue acreditar que sei *alguma coisa* –, mas li o suficiente para terminar o curso de inglês em Harvard, me formar com louvor e hoje ganhar a vida escrevendo livros, e nada disso teria acontecido sem a Sra. Eldredge e a conexão amorosa que seu braço me deu.

Sabemos muito bem que, sem conexão suficiente, afundamos, por mais que você ache que não é possível afundar. Muitas pessoas não aproveitam o poder da conexão como deveria, porque afirmam estar ocupadas demais para se conectarem ou menosprezam esse poder. Entretanto, a razão mais profunda para fugirem da conexão é o medo. Essas pessoas têm medo porque já se conectaram e se magoaram de tal forma que não querem nunca mais se magoar.

Dizemos a essas pessoas, e talvez a você: *Tenha coragem.* O coração se cura. Ao contrário do navio que virou sinônimo de naufrágio, o poder titânico da conexão sobe das profundezas toda vez que a embarcação afunda, desde que tenhamos coragem suficiente para embarcar outra vez. Quando sabe que es-

---

* Orton-Gillingham é uma abordagem fonética multissensorial para ensinar a ler.

tamos prontos para embarcar, o navio sobe, pronto para nos receber novamente.

Todos nós deveríamos aproveitar com mais frequência o poder da conexão. Há muita ciência por trás disso. Simplesmente faz sentido. Como você se sentiria se fosse criticado o dia todo, como tantas dessas crianças? O medo é a maior deficiência de aprendizagem, o medo e a vergonha. Nós, seres humanos, ignoramos a conexão até quase perecermos com sua ausência. Vivemos com uma imensa deficiência de vitamina conexão.

DICAS PARA UMA VIDA RICAMENTE CONECTADA

Crie para seus filhos, para você, para sua família, para a empresa, para a comunidade, para o país e para o mundo, se possível, uma vida conectada. Esse é o segredo de praticamente tudo o que há de bom na vida. E, em geral, é de graça.

É o modo de impedir que uma infância ruim destrua sua vida. Melhor ainda, desenvolver conexões positivas é a melhor maneira de impedir uma infância ruim.

A bondade faz as crianças e os adultos crescerem. Uma vida com conexões profundas e variadas é a dádiva mais enriquecedora que você pode dar a si mesmo e à família. A conexão tem muitas formas. Eis mais ideias, algumas muito óbvias, outras meio bizarras, para usar o poder incrível da conexão em sua vida e na vida de seus filhos. Acrescente a esta lista suas próprias ideias estranhas:

- Faça questão de comer com a família – já se comprovou que jantar com as pessoas de casa faz maravilhas e melhora até a nota no SAT, exame comparável ao ENEM nos Estados Unidos – e faça refeições com outras pessoas conhecidas. É maravilhoso apresentar às crianças gente de outras cidades ou até países e transformar o jantar num grande encontro para se comer e festejar. Quanto mais você fizer isso, mais refeições vão se transformar em acontecimentos que sejam mais que a oportunidade de reabastecer energia.

- A não ser que alguém da família seja alérgico ou que o espaço físico impossibilite, tenha um animal de estimação! Somos mais inclinados ao melhor amigo do homem, o cachorro, em virtude de seu companheirismo e do amor óbvio e gratuito que demonstra por seus tutores, mas gato, porquinho-da-índia, papagaio, hamster, furão, tartaruga, peixe e até cobra são tanto um foco para nosso amor quanto uma fonte para recebermos amor em troca. Os animais nos dão, como nenhum outro ser, a "outra vitamina C".
- Faça uma visita diária a seu café favorito e cumprimente todo mundo. Adote o hábito de cumprimentar as pessoas que não conhece. Esse tipo de reconhecimento traz uma dose rápida de vitamina conexão e nos tira do anonimato em que a maioria se permite cair.
- Faça a mesma coisa nos lugares onde costuma frequentar. Que tal conversar com os funcionários do posto de gasolina onde você abastece seu carro? Isso é bem mais divertido que só ficar sentado esperando e se preocupando com o preço, se perguntando se a vida se resume a isso. Você só tem a ganhar!
- Encontre-se regularmente com pelo menos dois bons amigos. Esse hábito é ainda melhor do que ir à academia todo dia! Um jeito de fazer isso é já deixar marcada uma data ou hora toda semana para almoçarem ou conversarem por telefone. Assim que combinar, você estará ansioso esperando por essa injeção regular de amor e familiaridade.

- Planeje uma festa do pijama para seus filhos. Ou convide seu neto para dormir em sua casa. Ter um tempo maior e sem planos (a não ser brincar) com outra pessoa jovem (ou *uma* pessoa jovem, se você for o avô ou a avó) é muito restaurador e favorece a conexão entre as pessoas.
- Reserve pelo menos meia hora ininterrupta e pessoal com seu filho toda semana, sem agenda, para fazer o que ele quiser, desde que seja seguro, dentro da lei e não muito caro. O psiquiatra pediátrico Dr. Peter Metz chama isso de "momento especial" e enfatiza seu poder mágico na relação entre pais e filhos e no aumento da sensação de amor e pertencimento da criança.
- Participe de um grupo que se reúna: um clube do livro, uma série de palestras, um grupo de tricô. E frequente essas reuniões! O Estudo sobre Envelhecimento da MacArthur Foundation demonstrou que esse é um dos dois fatores mais associados à longevidade (o outro é a frequência dos encontros com amigos).
- Livre-se da raiva e do ressentimento acumulados – isto é, pratique o perdão com você mesmo e com os outros. Faça isso com a mesma frequência que enche o tanque do carro. Não há um jeito certo, você terá que descobrir o que funciona melhor. Um exemplo é dizer a si mesmo: "*Ele foi um filho da mãe, mas não vou desperdiçar um segundo sequer da minha vida preciosa me zangando com ele.*" Perdoar não significa aprovar o ato, mas renunciar ao domínio que a raiva tem sobre você.
- Faça um diário da gratidão. Parece piegas, mas é muito bom. Não importa se é lista escrita ou apenas uma enumeração mental das coisas a agradecer, o fato é que, depois, você vai se sentir mais leve e otimista.
- Faça questão de elogiar. Pode soar esquisito, mas você não

gosta quando alguém percebe e comenta algo bom sobre você? Pois retribua a gentileza e também se sentirá bem!
- Dedique-se a algum tipo de prática espiritual, individual ou coletiva. Não precisa ser uma religião organizada, mas algum espaço de acolhimento para pensar e compartilhar perguntas, ideias, incertezas, possibilidades e esperanças existenciais. O segredo é encontrar o grupo certo; quando achar essa conexão, ela vai atingir, iluminar e aquecer muitas áreas de sua vida.
- Dê um passeio ao ar livre, sozinho ou com um amigo (e, de preferência, com aquele cachorro que queremos que você adote!).
- Nunca se preocupe sozinho. Esse ponto é *fundamental*. Mas escolha com cuidado a pessoa com quem vai compartilhar suas angústias. Quando você se abre com alguém em quem confia, as preocupações logo se transformam em uma oportunidade de resolver problemas e, às vezes, até em uma chance de rirem juntos e se livrarem deles.
- Minimize a absorção de notícias se isso tende a aborrecê-lo ou irritá-lo. No entanto, se você se sente mais conectado ao mundo com os noticiários, não desista deles!
- Visite cemitérios, tendo ou não alguma pessoa amada sepultada lá. Passear pelo cemitério cria um feitiço especial que nos deixa silenciosos e reverentes e, muitas vezes, estranhamente rejuvenescidos.
- Sejam quais forem as dificuldades, reconheça o seu esforço para ser uma pessoa melhor. Em outras palavras, conecte-se com seu desejo de melhorar e se valorize por tentar.
- Conecte-se com sua visão pessoal de grandeza e tente mantê-la todo dia na consciência como guia e inspiração. Um modo de fazer isso é identificar uma pessoa viva que você admira e permitir que essa admiração o eleve.

- Conheça seus ancestrais. Você pode fazer isso com pesquisas em arquivos ou entrevistando os parentes mais velhos. Essa última dica ainda traz o bônus da conexão com esses familiares.
- Na mesma linha, converse com pessoas idosas de fora da família sobre a vida delas, com detalhes. É como ler um ótimo romance.
- Visite o corpo de bombeiros local, se possível, e converse com um bombeiro sobre seu trabalho. Os bombeiros adoram conversar e costumam ser muito acolhedores.
- Suba numa árvore e fique pelo menos 10 minutos sentado num galho. Você terá um ponto de vista raro do mundo, que provavelmente não vê desde a infância. Não tem árvore ou não consegue subir? Tente sentar-se em um banco de praça ou de um calçadão. Você vai se espantar com quem e o que vê passar, caso se dedique a apenas observar. Mais do que promover uma conexão individual, isso o conecta com a humanidade que passa.
- Associe-se a criadores de sonhos e evite os destruidores deles. Os céticos podem ser divertidos e engraçados, mas tendem a lhe tirar a esperança. Como disse Oscar Wilde, o cínico é aquele que "sabe o preço de tudo, mas o valor de nada".
- Esteja sempre de olho em quem pode oferecer a seus filhos (ou a você) o que você não pode.
- Fique de olho em mentores carismáticos. Muitos estudos mostram que essas pessoas – não as notas, os hábitos de estudo, a escola frequentada nem o QI – fazem a maior diferença nas crianças com TDAH e TEAV. Quando elas encontram um professor, um técnico, um amigo da família ou alguém que as compreenda e inspire, o céu realmente é o limite.

CAPÍTULO 5

Encontre a dificuldade certa

A maioria das pessoas com TDAH ou TEAV é naturalmente criativa e original. Pensa segundo linhas incomuns e tem vontade persistente de construir, desenvolver ou criar alguma coisa, qualquer coisa, de empresas a barcos, de livros a balaustradas. É como uma onipresente vontade de *fazer alguma coisa*.

Se essa coceira constante não for aliviada, tendemos a nos sentir inquietos, deprimidos, desmotivados, à deriva. Quando investimos energia em algo aquém de nossa capacidade criativa, tendemos a perder o interesse. E, lembre-se, tédio é igual a criptonita. Se tivermos um emprego que não aproveita essa força criativa e exige uma habilidade que não temos, vamos tropeçar – e sentiremos o peso dessa derrota mais do que os outros. Mas, quando encontramos uma válvula de escape para nossa criatividade que seja o *"este, sim"* da Cachinhos Dourados, quando encontramos um projeto no qual possamos mergulhar, então, *presto!*, nos acendemos como luzinhas de Natal.

Qual é sua válvula de escape, o instrumento, o palco ou a ferramenta de seus filhos? Qual é seu tipo certo de dificuldade?

APROVEITE O SUPERPODER

Por suas características opostas combinadas – com um lado bom para cada lado ruim percebido –, o TDAH e o TEAV se distinguem das demais condições comportamentais. O não reconhecimento desse fato é a principal razão para os pontos fortes associados ao TDAH/TEAV serem ignorados por tanto tempo: os médicos tendem a procurar doenças e se concentrar em comportamentos problemáticos – ou seja, em geral ignoram os pontos fortes.

É certo que muitas pessoas que têm TDAH ou TEAV costumam fazer coisas que incomodam os outros e pelas quais vivem sendo repreendidas, mas em geral o indivíduo é ou poderia ser realmente excepcional em uma ou duas outras atividades. Com esse fim, adotamos uma abordagem baseada em pontos fortes para tratar as pessoas no consultório. Como gostamos de dizer, não tratamos deficiências, e sim ajudamos as pessoas a desabrochar seus dons. Dito com mais entusiasmo, nós ajudamos a identificar superpoderes!

Algumas pessoas têm sorte nesse resultado, com um aspecto levando a outro capaz de revelar esse superpoder. Considere a seguinte história de um homem que chamaremos de Allen. Quando estava no ensino médio, sua motivação para arranjar um emprego nas férias era ter dinheiro para sair com garotas. Ele não tinha muita paciência para preencher os formulários de emprego – uma tortura para quem tem TDAH, com certeza –, mas, para sua sorte, uma oportunidade caiu em seu colo. É que o número do telefone de uma empresa de lavagem de tapetes se diferia do seu por apenas um algarismo, fazendo com que ele recebesse muitas ligações por engano. Em vez de se incomodar com tantas chamadas, como aconteceria com quase todos, a mente de Allen se acendeu. Com apenas 14 anos na época, ele viu uma oportunidade de negócios. Quando atendia uma ligação errada, Allen dizia com sua voz mais entusiasmada e encantadora: "Aqui não é a empresa de lavagem de tapetes que você procura, mas posso fazer um serviço melhor do que eles e por um preço mais baixo!" Ele enxergou a oportunidade onde ninguém enxergaria e teve a genialidade de aproveitá-la. Tudo aconteceu muito rápido e, antes que percebesse, Allen tinha seu próprio negócio.

Infelizmente, Allen não tinha idade para dirigir (nem acesso a veículos, aliás), mas ele entrou em contato com um amigo mais velho que tinha carro e os dois alugaram uma máquina de lavar tapetes. Assim, eles iam à casa das pessoas que ligavam o número errado e que aceitavam experimentar sua oferta. Logo, ele e o sócio passaram a tirar de 400 a 700 dólares por fim de semana, descontadas as despesas.

Allen continuou a descobrir oportunidades onde os outros não viam. Certo dia, foi lavar os tapetes do escritório de um professor da região e notou um equipamento ali guardado. Naturalmente curioso, como costumam ser as pessoas com TDAH e TEAV, perguntou para que servia. Era uma antiga máquina de edição de filmes. Em outra visita para limpar os tapetes do professor, Allen viu alguém limpar a máquina e perguntou se podia observar o processo. Quando notou que desmontar a máquina, limpar a lente e remontar tudo era bastante simples, ele decidiu entrar também no ramo de limpeza de máquinas de filmagem. Esse interesse (e habilidade, já que ele conseguia fazer o serviço por 150 dólares menos que a concorrência) levou-o a arranjar emprego numa empresa de filmagem local e, assim, conhecer alguns moradores de Boston famosos, como a chef celebridade Julia Child e o famoso jogador Larry Bird, do time de basquete Boston Celtics.

E mais! Na mesma época, o então governador do estado de Massachusetts precisava remover amianto de uma casa que queria comprar. Um corretor de imóveis, sabendo que Allen realizava vários tipos de limpeza, perguntou-lhe se aceitaria o serviço. Em vez de dizer que não sabia (o que era verdade), Allen fez um curso de três dias sobre remoção de amianto. Depois, nas férias entre o segundo e o terceiro ano do ensino médio, arranjou emprego numa empresa especializada nesse serviço e, finalmente, pôde remover o amianto da casa que o governador pretendia comprar.

Allen trabalhou com afinco em todos esses lugares, e parecia que todos adoravam seu espírito de "descubro e faço". Logo, ele acrescentaria novas habilidades a seu currículo. Em certo momento, conheceu uma família que tinha uma empresa de banho e tosa e foi trabalhar com eles. Lá, entrou em contato com várias pessoas ricas do subúrbio. Uma dessas era dona de uma empresa de *au pair*, que por fim contratou Allen para ser o guia turístico de cada nova babá naquele verão.

Hoje, Allen é um empresário de sucesso no setor de remoção de amianto. No entanto, continua hábil e criativo. Recentemente, aprovou sua primeira patente de um sistema de caçambas de lixo sem poeira! Seu superpoder é solucionar problemas. Contanto que ele seja desafiado intelectualmente, que conheça pessoas interessantes e que aprenda como as coisas funcionam, praticamente não há ninguém melhor para transformar um acaso em oportunidade.

Às vezes alguém encontra seu superpoder nesse tipo de empreendedorismo em série; outras vezes, o superpoder pode ser mais bem ilustrado como uma "queda de raio" num interesse específico. Por exemplo, conhecemos um professor de uma das maiores universidades americanas em quem identificaríamos características de TEAV ou até daríamos um diagnóstico de TDAH. Ele contou que, quando estava na faculdade, não encontrava nada que lhe interessasse, e pensou seriamente em largar tudo para se tornar esquiador.

Já com as malas prontas, estava prestes a sair da pequena faculdade que frequentava quando uma conhecida lhe pediu que a acompanhasse em uma aula de física. Ele não tinha absolutamente nenhum interesse na matéria – achava chato, ainda mais em comparação com o esqui. Mas, como gostava da garota, concordou em assistir a uma última aula antes de largar o curso para sempre.

Não foi preciso nem um minuto da aula para ele se esquecer da garota e se envolver completamente com o tópico. Aquela única exposição da matéria despertou uma torrente de interesse, curiosidade e brilho inato – um superpoder – num tema sobre o qual ele não sabia nada. No fim das contas, ele acabou se tornando referência na área.

Raios como esse caem e não são tão raros assim. Nós, que temos características de TDAH ou TEAV, tendemos a nos apaixonar rapidamente – por uma pessoa, um tema, um projeto, um negócio, um plano. As faíscas voam e, em instantes, com a imersão naquilo que chamou nossa atenção, nos esquecemos que estávamos perdidos e desamparados. Porém, muitas vezes, para identificar o superpoder, é preciso um esforço conjunto e, talvez, um pouco de tentativa e erro nos desafios.

AVALIE SEUS PONTOS FORTES

As pessoas com TDAH e TEAV precisam de desafios. Mais uma vez, lembramos que o tédio é nossa criptonita. Só que a brincadeira consiste não apenas em procurar um desafio – afinal, cavar um buraco e enchê-lo de novo é desafiador –, mas em encontrar o desafio *certo*. Nós o chamamos de *dificuldade certa*. Uma forma proativa de identificar a dificuldade certa é por meio de um inventário prático de pontos fortes, ou seja, uma lista daquilo em que você é bom.

Um modo simples de começar é se sentar com seu filho – ou,

se você é adulto, com seu parceiro ou amigo (é melhor fazer isso com outra pessoa, pois a interação permite respostas mais criativas, espontâneas, brincalhonas e completas) – e responder às perguntas a seguir. Peça que o questionador anote o que for dito, porque é importante guardar esse documento:

1. Quais são as três ou quatro coisas que você faz melhor?
2. Quais são as três ou quatro coisas que você mais gosta de fazer?
3. Quais são as três ou quatro atividades ou realizações que lhe trouxeram mais elogios na vida?
4. Quais são suas três ou quatro principais metas?
5. Quais são as três ou quatro coisas em que você mais gostaria de melhorar?
6. O que os outros elogiam em você, mas que você acha que não tem nada de mais?
7. O que, se existir, é fácil para você, mas difícil para os outros?
8. O que você demora muito para fazer porque lhe faz muito mal?
9. O que seu professor ou supervisor poderia fazer para que você usasse seu tempo de forma mais produtiva?
10. Se você não tivesse medo de se meter em encrencas, o que diria a seu professor ou supervisor que ele não entende a seu respeito?

As respostas a essas 10 perguntas são muito reveladoras. Essas informações são um tesouro. Armado com elas, você pode falar de forma mais produtiva com o professor de seu filho ou com seu chefe para criar um ambiente melhor de estudo ou trabalho.

Se você é pai ou mãe de uma criança com características de TDAH ou TEAV, leve essa breve avaliação à escola. Em geral, esses alunos têm a ficha cheia de fracassos ou comentários negativos, então é bom registrar os pontos positivos. Também é essencial que o professor saiba quais são os interesses de seu filho ou filha – de dinossauros e planetas a esportes, cavalos e videogames –, para que possa criar projetos secundários e manter a criança interessada. Isso pode ser crucial, porque uma razão importante para as crianças com problemas de atenção terem mau resultado na escola é o fato de se sentirem entediadas, o que, por sua vez, faz o professor acreditar que a criança não liga para o trabalho escolar. Se ele incluir as preferências de seu filho ou filha no currículo (ou permitir que a criança se dedique a eles nos momentos de inatividade), é provável que a criança se mostre mais interessada pela escola. Seguindo nessa linha, cria-se um ciclo de feedback positivo: o interesse e a atenção da criança na aula podem levar o professor a lhe dar o benefício da dúvida com mais frequência, em vez de pressupor o pior ou ter uma reação automática ao comportamento distraído. Além do mais, o perfil gerado por essa rápida avaliação de pontos fortes também pode fazer parte da ficha de seu filho na escola e ser consultado por outros professores, especialistas e diretores quando, no futuro, houver dúvidas sobre seus interesses – ou falta deles.

Nos adultos, essa avaliação de pontos fortes pode ser o ponto de partida para procurar um novo emprego ou reavaliar o atual. Como princípio condutor, você deve passar a maior parte de suas horas de trabalho na interseção de três círculos: o de todas as coisas que você realmente gosta de fazer, o de todas as coisas que você faz muito bem e o das coisas que alguém lhe paga para fazer. Tal avaliação de pontos fortes pode ser usada para organizar seu pensamento e encontrar a interseção, que nada mais é que a zona especial na qual você deve ficar a maior parte possível do dia de trabalho, porque é lá que você trabalhará melhor e será mais feliz fazendo-o.

CONHEÇA SEUS PONTOS FORTES DE UM JEITO NOVO

Armado com a consciência de seus pontos fortes, você está pronto para a próxima prova, uma das mais poderosas, mesmo que nunca tenha ouvido falar nela: o Índice de Kolbe. Faça esse teste se quiser conhecer os pontos fortes que você sempre soube que tinha, mas que, provavelmente, nunca foram identificados. Faça-o se também quiser entender por que algumas tarefas lhe parecem praticamente impossíveis, mesmo que sejam fáceis para os outros. E faça-o se quiser saber qual é o "ponto ideal" onde você deve passar a maior parte de seu tempo, em que tipo de trabalho.

O Índice de Kolbe foi desenvolvido por uma pioneira brilhante e destemida chamada Kathy Kolbe. Ela cresceu em meio ao desenvolvimento de testes – seu pai criou o teste Wonderlic (hoje chamado de Teste Contemporâneo de Capacidade Cognitiva Wonderlic), que é feito com todos os novos jogadores da NFL, a Liga Nacional de Futebol Americano dos Estados Unidos –, mas só depois de se formar na Universidade Northwestern é que Kathy dedicou seu interesse intelectual a descobrir por que pessoas inteligentes não são mais criativas ou produtivas. Ela viu o que os testes de QI e outras avaliações da personalidade não revelavam: que o modo como a pessoa exerce esforço é decisivo. Assim, ela começou a trabalhar numa ferramenta de avaliação que desenterraria o modo inato e singular que cada um de nós tem de agir ou se esforçar. Ela raciocinou que isso mostraria o estilo *conativo* da pessoa. Tal palavra vem do latim *conatus*, que significa "esforço", e sua definição no dicionário é "faculdade mental de desejo, propósito ou vontade de realizar uma ação; volição".

Era *isso* que Kathy queria investigar e avaliar. Porque, afinal de contas, quais são os pontos fortes que importam se não forem aqueles que levam à ação? Muito mais importante do que o QI, que, do ponto de vista prático, é irrelevante, seu estilo conativo determina *o que você realmente faz na vida*. Com mais um empréstimo do latim, Kolbe chama isso de nosso MO, ou *modus operandi*. Falando de nós, é *isso* que quem tem TDAH mais precisa aprender sobre si mesmo, e é por isso que recomendamos tanto que façam esse teste.

Com o passar dos anos, Kolbe desenvolveu e aprimorou seu teste e o aplicou em milhares de indivíduos. Agora, ele já foi validado em mais de 1,6 milhão de estudos de caso em mais de quarenta anos.

Veja como Kathy o explica:

Há uma parte da mente de que não se fala muito. É o que alguns chamam de "instinto" ou "intuição" nas tomadas de decisões. O segredo: sabemos com que pontos fortes naturais – instintos – nascemos, bem como qual é o modo de usá-los para sermos nossa versão mais produtiva e menos estressada.

Assim, existe *algo já dentro de você que pode tirar o estresse de sua vida*, melhorar os relacionamentos e mudar seu modo de interagir no local de trabalho. E está comprovado, por meio de estudos de confiabilidade de longo prazo teste-reteste, que esses pontos fortes permanecem imutáveis.

Se você tiver mais de 16 anos, faça o Índice de Kolbe A. Se tiver de 10 a 16, procure o Índice de Kolbe Y.* Esses dois testes, de marca registrada, são compostos por avaliações rápidas e fáceis com 36 perguntas, sem resposta errada. Depois que você as res-

---

* Esses testes são cobrados e se encontram em Kolbe.com/TakeA e Kolbe.com/TakeY. Mas você pode acessar na internet versões gratuitas e não oficiais que dão uma ideia geral do conteúdo original dos testes.

ponde, o teste gera uma pontuação de quatro algarismos entre 1 e 10. Esses números representam sua aptidão inata em quatro áreas de ação, as quais Kolbe chama de *Fact Finder, Follow Thru, Quick Start* e *Implementor* (descobridor de fatos, acompanhante, iniciador rápido e implementador, respectivamente, em tradução livre).

Como exemplo do que esses números significam, vejamos a pontuação do Dr. Hallowell no Índice de Kolbe: 5, 3, 9, 2. A tendência de descobridor de fatos do Dr. Hallowell é 5. Isso tem a ver com o modo como ele naturalmente coleta ou compartilha informações. Por ser 5, ele está bem no meio e é um *acomodador*. Em outras palavras, tende a obter todos os fatos *ou* ficar apenas com um resumo, já que fazer um ou outro com constância seria estressante para ele. A maioria das pessoas com TDAH ou TEAV tem pontuação baixa em descobridor de fatos (o que não é ruim, afinal, não há nota ruim no teste de Kolbe), porque seu talento natural é a capacidade de ir direto à caça e resumir as informações em vez de escavar detalhes.

Por sua vez, a pontuação de acompanhante do Dr. Hallowell é 3. Isso indica de que modo ele lida instintivamente com a necessidade de processo e organização. Por ser 3, tecnicamente ele "resiste" ao acompanhamento, o que é típico de pessoas com TDAH ou TEAV. Em outras palavras, elas usam atalhos e deixam as soluções surgirem enquanto trabalham com os problemas, em vez de planejarem a abordagem com antecedência.

Já a pontuação de iniciador rápido do Dr. Hallowell é 9. Isso tem a ver com o modo como ele aborda o risco e a incerteza. Com o 9, ele é "insistente" nesse aspecto, o que o torna semelhante à maioria que tem TDAH e TEAV. Vai com muita sede ao pote. Lembre-se: fogo, apontar, preparar!

Enfim, o 2 da pontuação do Dr. Hallowell refere-se à tendência de implementador, ou como ele lida naturalmente com o trabalho em si e a gestão do espaço. Essa nota indica que ele *visualiza* os espaços em que vive e trabalha, em vez de organizá--los e protegê-los fisicamente. Muita gente com TDAH ou TEAV fica na outra ponta da escala. São pessoas que precisam se mexer e criar movimento enquanto trabalham, que têm necessidade de soluções físicas e manuais para os problemas.

O site Kolbe explica com detalhes esse sistema de pontuação, tanto para ajudar a pessoa a entender onde ela está quanto para indicar onde é preciso concentrar as energias. Como em tudo o que vale a pena, é preciso esforço para obter os ganhos. Não é um truque de mágica, mas o trabalho investido – estamos falando de 30 a 60 minutos – lhe trará muito rendimento. E assim que destravar os segredos contidos nesses números, você se entenderá de maneira muito mais útil e profunda.

Depois de identificar seus pontos fortes, seja com nossa pequena lista de perguntas, seja com o Índice de Kolbe para conhecer seu MO, você está a meio caminho do grande prêmio: "encontrar a dificuldade certa".

NÃO, DOUTOR, OBRIGADO. VOU PEGAR O CAMINHO MAIS DIFÍCIL (TAMBÉM CHAMADO DE "O QUE HÁ NO COMPORTAMENTO AUTODESTRUTIVO?")

Há algo engraçado entre nós que temos TDAH. Queremos o que os outros evitam. Gostamos de problemas. *Precisamos* da dificuldade, do estímulo do desafio intenso. É porque o fácil é chato. Porém, como dissemos, o desafio aceito só por ser desafio será, na melhor das hipóteses, contraproducente e, na pior delas, autodestrutivo. Como explicou um paciente a quem chamaremos de Jon:

> O que me move, infelizmente, não é o que me faz feliz.
> Um jeito de explicar isso é que meu cérebro não para,

então eu preciso o tempo todo de projetos dificílimos. Se não for assim, fico chateado e inquieto. Eu já disse à minha mulher que, se ficasse comigo uma semana na praia e me forçasse a relaxar, guardando meu iPhone, papel e caneta, em 30 minutos eu começaria a escrever listas de afazeres e ideias de negócios com meu próprio sangue. Mas não é isso que me faz "feliz", porque esse trabalho é difícil e estressante.

Então, é um beco sem saída. Ou eu faço o que me move, que é a solução radical de problemas a cada segundo em que estou acordado, ou eu fico entediado/ansioso/sem saber o que fazer.

O tempo todo ouvimos explicações como a de Jon. Histórias de heroísmo de quem dá com garra tudo o que tem, para fazer o que acha quase impossível, por razões que não têm nada a ver com fama, dinheiro nem ganho material. Mas o que promove essa narrativa autodestrutiva? A *necessidade* instintiva de fazer o que é dificílimo.

Afinal, desistir não faz parte da configuração das pessoas com TDAH ou TEAV. Fixar-se em algo é uma qualidade incrível quando aquilo em que se foca é produtivo, prazeroso ou capaz de melhorar sua vida. No entanto, fixar-se às coisas só por se ater a elas é um trabalho de Sísifo – empurrar morro acima aquela pedra enorme, dia após dia, só para que ela role ladeira abaixo. De certo modo, parece que indivíduos como Jon quase gostam do processo de fracasso perpétuo, como se a verdade dura e real da vida fosse sentir dor, sofrimento e derrota. Sua vitória está no persistir, aconteça o que acontecer.

Para aumentar o problema, as pessoas com tendência a TDAH ou TEAV geralmente rejeitam ajuda. É claro que há um lado bom nessa característica: a não conformidade. Dito de uma maneira menos educada, as pessoas com problemas de atenção tendem a ter detectores de bobagem muito sensíveis. Detestamos a hipocrisia, talvez mais do que todos os outros defeitos humanos, e a percebemos a quilômetros de distância. Não entramos em seitas. Esse, claramente, é um lado positivo de rejeitar ajuda.

No entanto, levado ao extremo, isso é contraproducente. Não aceitar ajuda sabota a educação, a saúde, a carreira e os relacionamentos. Como já afirmamos, não é raro que um jovem ou um adulto diga: "Prefiro fracassar fazendo do meu jeito a ter sucesso com ajuda."

Um paciente que chamaremos de Greg tentou explicar sua resistência a aceitar ajuda na administração de sua pequena (e em dificuldades) empresa numa conversa com o Dr. Hallowell:

GREG: Eu sou assim. Um tipo independente. Sempre fui assim.

DR. HALLOWELL: Mas e se eu lhe apresentasse um coach capaz de ajudá-lo com os detalhes que estão atrapalhando você, como não marcar horários nem definir prioridades, por que não aceitar essa ajuda?

GREG: Por que aí não seria eu a ter sucesso. Seria eu com o coach.

DR. HALLOWELL: Mas quase todo sucesso não é assim? Eu não me tornaria médico sem a ajuda de meus professores da faculdade nem dos médicos mais experientes que me treinaram quando eu era jovem.

GREG: É diferente. Eu deveria conseguir administrar sozinho minha loja de material para pesca. Não é como uma faculdade de medicina.

DR. HALLOWELL: Administrar uma pequena empresa é tão ou mais complicado que a escola de medicina. Qual aspecto de aceitar ajuda lhe deixa tão pouco à vontade?

GREG: Não sei, mas deixa. Doutor, tivemos essa mesma conversa quando o senhor disse para tentarmos medicação. Só que eu quero me virar. Quero levar minha vida do meu jeito, em meus termos.

DR. HALLOWELL: E eu quero ajudá-lo a ver que essa abordagem é autodestrutiva. Ainda mais no mundo de hoje. *Ninguém* é independente. *Ninguém* é autossuficiente. *Todos* dependemos uns dos outros. A meta realista da vida não é ser independente, é ser *efetivamente interdependente*. Em outras palavras, você precisa ser capaz tanto de dar quanto de receber. É assim que funcionam as pessoas bem-sucedidas. Por que desperdiçar seu tempo fazendo algo em que você não é bom? Contrate alguém para fazer, para que você fique com aquilo que faz bem.

GREG: Isso vai totalmente contra meu jeito de ser.

DR. HALLOWELL: Bom, esse seu jeito de ser vai destruí-lo. Vai impedir que você se torne o grande sucesso que poderia ser. Você tem talento para se destacar no setor de pesca, tanto é que muita gente da área já lhe disse isso. Você tem a vantagem de ser empreendedor. Então, use-a! Não permita que essa recusa em aceitar ajuda impeça que você alcance o sucesso.

Inúmeras vezes tivemos conversas assim com os pacientes. Em nossa experiência, a recusa em aceitar ajuda é a maior razão para uma pessoa não progredir depois do diagnóstico de TDAH.

Por isso é tão importante encontrar a dificuldade certa. Como mostram as experiências de Jon, Greg e muitos outros, quando é a dificuldade errada, pode-se passar anos e até décadas na busca tola e frustrante pelo impossível. (O mesmo princípio se aplica a casamento e outros relacionamentos, aliás.)

Depois de avaliar seus pontos fortes – com nossas 10 perguntas ou com o Índice de Kolbe –, você deve ter uma ideia melhor da sobreposição entre o que faz bem e o que ama fazer. Nenhum de nós pode lhe ensinar seu tipo certo de dificuldade – isso é tarefa para seu gênio singular. Entretanto, *podemos* ensiná-lo a transformar seu ambiente em solo fértil para seu talento crescer assim que for identificado. Esse é o tema do próximo capítulo.

CAPÍTULO 6

Crie ambientes espetaculares

Desde que surgiu a ideia do que hoje chamamos de TDAH, as pessoas passaram a se perguntar quanto do transtorno era causado pelo meio, e até que ponto a mudança de ambiente ajudaria a resolver os problemas. O próprio Dr. Charles Bradley, que, em 1937, foi o primeiro a dar um medicamento (anfetamina) a crianças para tratar o que hoje chamamos de TDAH, o fez com base em princípios de engenharia ambiental. Além da medicação, ele regulava a iluminação e variava as vestimentas da equipe, para ver como as diversas mudanças afetavam seus pacientes.

Agora que expandimos o TDAH para incluir as características do TEAV e que, estritamente falando, os medicamentos são apenas para as pessoas com TDAH diagnosticado, as seguintes perguntas se tornam muito mais relevantes: qual é o melhor ambiente, que chamamos de ambiente espetacular, para a pessoa com problemas de atenção? E quanta diferença faz a criação de um ambiente desses?

O IMPACTO DO AMBIENTE

O ambiente é muito importante. Ponto. Hoje, todos os tipos de pesquisa deixam claro que nosso ambiente – que inclui alimentação, exposição a toxinas, estresse crônico e muitos outros fatores – pode mudar o modo como nossos genes se "expressam". Em termos leigos, isso significa que a maneira como você vive determina se terá ou não uma doença para a qual tem predisposição genética. Em outras palavras, seu ambiente é um tônico poderoso, para o melhor e para o pior.

Muitos adultos só descobrem que têm TDAH diante de uma mudança drástica em seu ambiente. Por exemplo, quando uma mulher gesta ou adota o primeiro filho, as exigências de habilidade organizacional somadas à privação de sono (e mudanças no corpo, se ela pariu) realmente viram o mundo de cabeça para baixo. Sem a calma e a ordem da vida anterior ao bebê, a mãe se sente frenética e improdutiva. Em geral, ela consegue endireitar a vida ou encontrar novas maneiras de trazer calma e ordem ao seu dia, de modo que, finalmente – ainda mais se receber ajuda e dormir bem –, a produtividade e a serenidade retornem. Mas, às vezes, o que o mundo considera comum na nova maternidade, ou chama de "cérebro de mãe", indica o TDAH subjacente, e só a reviravolta da mudança ambiental o revela.

Outro exemplo é a mudança implicada em novos estágios escolares, como a chegada ao ensino médio, à graduação, à pós-graduação. Vejamos a faculdade de medicina, que conhecemos muito bem. De repente, o cérebro daquele aluno, que foi tão bem na escola a ponto de entrar direto em medicina, precisa enfrentar exigências nunca vistas. O novo e extenuante ritmo de aprendizagem toma conta de tudo e dificulta que o estudante mantenha suas práticas úteis e saudáveis de antes, entre elas dormir, comer e se exercitar regularmente. Talvez, como a nova mamãe citada, esse aluno consiga se rearranjar. Talvez não – e logo descobrirá o TDAH subjacente, será diagnosticado e conseguirá ajuda. No entanto, essa situação também é um terreno fértil para o TEAV, estado de espírito culturalmente induzido que, depois de ligado, é difícil de desligar, ainda mais se o ambiente continua insalubre.

COMO ORGANIZAR SEU AMBIENTE

Obviamente, há no ambiente elementos que você não pode controlar. A mamãe que deu à luz não consegue escolher quando o bebê vai dormir ou acordar, nem quando precisa ser alimentado, ninado ou trocado. Assim também os novos desafios acadêmicos ou de carreira são o que são, cabendo a você acompanhá-los. Mas há coisas no ambiente que *conseguimos* claramente controlar; se houver problemas de atenção, aí é que você tem que controlar. Além de conexão, estrutura e redução do estresse – tão importantes que falamos deles em outros pontos (ver Capítulos 4 e 7) –, há cinco áreas relacionadas a seu ambiente em que queremos que você se concentre, para seu bem ou de seus filhos: estruturação das tarefas diárias, nutrição, sono, positividade em primeiro lugar e aceitação e procura pela ajuda certa.

Estruturação das tarefas diárias

Em geral, criar estruturas não é natural para as pessoas com TDAH ou características de TEAV. Apoiar-se nelas e aprender a gostar delas, menos ainda. Na verdade, é mais provável que você resista a isso. Ser livre e rebelde, afinal de contas, é algo inato a você. Porém, para nós, criar estruturas é praticamente a mudança do estilo de vida mais útil e importante de todas. Ela é o corrimão de uma escada perigosa. Sem ela, você cai e se dá mal. Se negligenciá-la, é por sua conta e risco!

Mas não se intimide! Afinal, provavelmente, seu dia já está estruturado em hábitos cotidianos: é provável que você escove os dentes e tome banho todo dia, esperamos que diga "obrigado" e "por favor" e, com sorte, limpe a boca com o guardanapo quando come ou lave o prato quando acaba. Você tem esses bons hábitos porque alguém fez questão de lhe explicar sua importância. Se não os tiver, nunca é tarde demais para adotá-los. E ainda há muitas maneiras de você criar suas próprias mudanças.

Comecemos com o óbvio: tenha horários e uma lista de tarefas. Criar estrutura a partir dessas duas estratégias antiquíssimas vai ajudar você a planejar, priorizar, ser pontual com mais frequência e procrastinar menos. O simples ato de se sentar para anotar os horários ou a lista de tarefas já ajuda, porque, toda vez que especifica o que deve ser feito, você reforça neurologicamente sua importância.

Se for adulto, não há escassez de produtos úteis para se organizar, como cadernos, bilhetes adesivos, gravadores, aplicativos e alarmes que avisam que você tem que ir a algum lugar ou concluir alguma coisa. Não há desculpa para não criar seu próprio sistema simples (ou complexo). Prestar atenção nesses lembretes já é outra história. Afinal, quantas vezes fomos lembrados e, por termos plena intenção de obedecer, desligamos o alarme, resultando na percepção, horas depois, de que a mente entrou por outro caminho e perdemos o trem (metafórico ou literal)? Isso também acontece com "neurotípicos", mas é uma característica muito típica da mente com TDAH. O truque é criar lembretes e sistemas de backup, mesmo que seja pedindo a alguém que o lembre de cumprir a tarefa.

Mas evidentemente você não pode criar um sistema de lembretes para *tudo* o que precisa fazer. Isso significaria ter alarmes tocando o dia todo (e isso não é ideal por outra razão sobre a qual falaremos adiante, que é desligar os aparelhos eletrônicos)! Além do mais, não é bom para as relações pessoais pedir que o outro seja o incômodo perpétuo. Em vez disso, comece aos poucos: escolha um ou dois compromissos regulares ou tarefas esperadas e crie uma estrutura para cumpri-los. Experimente o que funciona com você até acertar. A cada compromisso ou tarefa cumprida você terá uma pequena dose de autossatisfação e, provavelmente, bastante feedback positivo das pessoas com quem convive. Esse tipo de recompensa também reforça o desejo de fazer mais e motivará a atenção contínua à lista e à agenda.

Se você for pai ou mãe de uma criança com TDAH ou tendências do TEAV, provavelmente será o responsável pelos horários de seu filho e pela criação das suas rotinas, além de funcionar como lembrete/alarme/alerta para que cumpram as tarefas. Isso não é superproteção, afinal você não precisa ficar em cima para arrumar e resolver tudo para os filhos. Pense nessa função como se fosse um disparador de máquina de pinball, como a estrutura responsável por manter um pouco sob controle a energia e as ideias malucas deles. Em resumo, todas as crianças melhoram quando sabem quem está no comando. E, saber que não são elas, lhes dá uma noção de ordem e segurança. Até certo ponto, isso também acontece com os adultos: ter uma hierarquia clara no trabalho, por exemplo, orienta e é especialmente útil para o funcionário com TDAH.

Por mais que queiramos reforçar a importância de se criarem expectativas claras e regulares para o horário de seus filhos, também é fundamental que você deixe espaço na agenda para brincadeiras despretensiosas! Correr, se mexer, imaginar, brincar: esse é o trabalho da infância. Para a mente com TDAH ou TEAV, esse tempo de criação e extravasamento é ainda mais necessário. Sobre definir quando seu filho terá idade suficiente para assumir a responsabilidade de criar estrutura, é difícil precisar, porque isso varia conforme cada criança. No entanto, quando chegar a hora de ceder o controle, faça-o aos poucos, para ter certeza de que ele está pronto para assumir cada nova responsabilidade.

Agora um aviso: não podemos negar que os aparelhos eletrônicos podem ser úteis para a criação e a manutenção de estruturas, tanto para adultos quanto para crianças. Mas cuidado com a armadilha da internet e das mídias sociais! A capacidade de passar de um tópico a outro, e assim sucessivamente, com apenas um toque numa tecla ou tela pode dar uma dose de estímulo (luzes, cores, imagens, ideias!), a qual, claro, é um bálsamo para nosso cérebro avesso ao tédio.

Reconhecer essa tendência a ser sugado pelo turbilhão da internet já é o primeiro passo para controlar o impulso. Mas tente resolver. Os adultos devem limitar seu tempo de tela desligando o aparelho ou guardando-o durante algumas horas todos os dias (se isso for uma ordem familiar, fica mais fácil de acatar), além de, definitivamente, deixar as telas afastadas do quarto. Se seu emprego não exigir que você fique à disposição, carregue o celular ou o tablet em outro cômodo durante a noite. Já a criança com TDAH ou tendência ao TEAV deve ser afastada do uso regular das telas pelo máximo de tempo que os pais conseguirem resistir a seus apelos. Quando você ceder e der aos filhos sua própria telinha, haverá pouquíssima chance de voltar atrás. E se for o caso de oferecer um equipamento eletrônico para dar mais responsabilidade por meio da agenda diária, esse momento será diferente para cada família. Mas, seja ele qual for, estabeleça limites claros ao uso das telas, inclusive horários em que elas não estarão ligadas nem disponíveis. E, sem dúvida alguma, confisque o aparelho à noite (ver Sono, página 119).

Para não ficar apenas nas advertências, aqui vai uma nota de incentivo: para a mente com TDAH, as recompensas funcionam muito melhor que as consequências. Portanto, quer você seja um adulto que cria estrutura para si, quer seja pai ou mãe que a mantém para os filhos, crie pequenas recompensas nos sistemas que inventar. Como já mencionado, receber elogios dos outros sempre é bom (pais e professores, anotem!), mas por que não dar a si mesmo ou a seus filhos algo de valor pessoal quando concluir uma tarefa maior ou se lembrar constantemente de várias tarefas menores?

Para criar uma estrutura acolhedora para o TDAH ou o TEAV – em casa, na sala de aula, no trabalho –, tenha em mente a seguinte lista de necessidades:

AMBIENTES ESPETACULARES EM CASA

É você quem detém o máximo controle do ambiente doméstico. Esforce-se para fazer de sua casa um porto seguro e um lugar feliz, para você e/ou seus filhos. Os principais elementos são:

- Ter atitude brincalhona.
- Permitir que todos sejam espontâneos e verdadeiros.
- Definir estrutura, horários e regras suficientes para evitar bagunça e confusão.
- Fazer refeições diárias junto de quem morar na casa: a comida pode unir as pessoas.
- Compartilhar preocupações – ninguém jamais deveria se preocupar sozinho.
- Incentivar a autoafirmação e a exposição do que sente em qualquer situação.
- Nunca ir para a cama com raiva.

- Ter animais de estimação, se possível.
- Promover risos, muitos risos.
- Nunca implicar ou ridicularizar o outro, por mais engraçado que seja.
- Ser franco, franco, franco. Nada de falsidade.
- Ficar atento à franqueza grosseira. Mantenha-a gentil e bondosa.
- Exprimir gratidão. No solo do amor e da gratidão, a alegria duradoura lança raízes e cresce.
- Torcer uns pelos outros.
- Acrescentar a esta lista o que você e a tropa que mora com você, seja qual for, mais valoriza.

AMBIENTES ESPETACULARES NA ESCOLA

Talvez você não controle a escola que seus filhos frequentam – e as opções podem ser pouquíssimas, aliás –, mas é possível defender o seguinte na sala de aula:

- Promover um clima de pouco medo e muita confiança.
- Não permitir se envergonhar.
- Definir regras claras para a sala. Melhor ainda: cobrar que estejam penduradas na parede.
- Dispor as carteiras de modo que promova conexão com os outros.
- Usar o método socrático de ensino, qual seja, diálogo, com perguntas e respostas para se chegar às informações. A estrutura hierárquica que parte do superior, do tipo "eu falo e você escuta", não é compatível com a mente com TDAH.
- Aprender com base em projetos, o máximo possível.
- Incentivar a inovação e a iniciativa.

- Fazer pausas frequentes para se mexer durante a aula, como levantar-se, dançar, correr no mesmo lugar, se alongar.
- Ter professores e diretores que incentivem a identificação de pontos fortes.

AMBIENTES ESPETACULARES NO TRABALHO

Leia esta lista enquanto observa onde você trabalha agora. Está à altura? Se não estiver, chegou a hora de começar a procurar um ambiente de trabalho que atenda às suas necessidades desta forma:

- Que haja pouco medo e muita confiança entre superiores e subordinados, em todos os níveis.
- Que seja estruturado, organizado, mas não controlado.
- Que o espaço físico seja disposto de forma a incentivar a conexão com os outros.
- Que permita ser franco.
- Que não propicie fofocas, calúnias e difamação.
- Que defina linhas claras de autoridade e comunicação.
- Que se criem políticas claras para vários tópicos importantes: férias, folgas, assédio, e-mails e mensagens pessoais.
- Que se possa recorrer menos ao departamento de recursos humanos e mais aos colegas diretamente e em particular (a não ser em casos de assédio, quando o RH deve proteger você!).
- Que lhe permita ser quem você é e reconhecer seus pontos fortes e fracos.
- Que dê a todos a capacidade de tomar a iniciativa, controlar o que fazem e receber crédito por isso.
- Que tenha uma gerência que se esforce de modo claro para combinar as tarefas com o talento dos trabalhadores.

- Que conte com uma gerência que afirme e explique com clareza suas expectativas.

Nutrição

O jeito de abastecer seu corpo realmente importa. Dê a ele "combustível" (comida) de qualidade e seu motor (corpo) vai funcionar melhor, evitando doenças e acidentes. É claro que há conselhos contraditórios sobre o que é melhor no quesito alimentação. Não importa se sua preocupação é emagrecimento, saúde cardíaca, combate a inflamações ou bem-estar geral, há uma vasta bibliografia sobre todos os tipos de dieta e todos os tipos de "melhor" combinação de nutrientes.

No entanto, não se deveria discutir qual é o melhor combustível para o cérebro com TDAH. Sabe-se muito sobre os tipos de alimento que contribuem para a hiperatividade ou para um desempenho aquém do padrão de sua "máquina". E essa dieta na verdade não é tão complicada assim!

Em geral, é melhor se limitar aos alimentos integrais. Os cereais integrais são melhores do que os refinados, e os alimentos frescos são melhores do que os conservados e embalados comercialmente. Evite industrializados, *junk food* ou qualquer produto que contenha aditivos, conservantes e corantes.

Quanto mais legumes, verduras e frutas, melhor. Óleos e gorduras saudáveis fazem bem, enquanto as gorduras trans fazem mal. Evite os sucos de fruta prontos, porque eles são compostos principalmente por açúcar (ver adiante) e calorias vazias. O corpo também precisa de proteínas boas, como carnes não industrializadas, peixes, oleaginosas, ovos.

Lembre-se de beber bastante água ou chá. Também adoramos café, porque a cafeína é o melhor medicamento sem receita que há para a concentração. Para saber seu limite, é só tomar com moderação e observar os efeitos colaterais: aumento da frequência cardíaca, batimentos cardíacos irregulares, várias idas ao banheiro (café é laxativo e diurético), insônia, agitação e irritabilidade. Se os tiver, saberá que tomou café demais!

E mais um conselho importantíssimo: evite açúcar. Ele promove a produção e a liberação de dopamina, e o cérebro com TDAH adora uma dose de dopamina. Infelizmente, por melhor que pareça o fluxo inicial desse neurotransmissor – que o deixa com mais energia, alegre, satisfeito –, é preciso continuar ingerindo açúcar para manter a sensação. Daí aquele potão de sorvete à meia-noite, o enorme saco de balinhas no cinema, os molhos prontos, os montes de biscoitos. Porém, além de fazerem mal para nossa circunferência abdominal, é preciso lembrar que eles causam um terrível revertério no humor e na saciedade pós-açúcar/pós-dopamina.

Além do baixo valor nutritivo e de ser uma tentação para as pessoas com TDAH, é consenso entre a maioria de nós, que temos muita experiência no assunto, que, para algumas crianças, o açúcar provoca comportamento destrutivo, embora para outras não haja problemas. Isso você mesmo deve investigar. Se seus filhos vão a uma festa de aniversário, comem bolo e docinhos, tomam refrigerante e, quando voltam para casa, mais parecem bombas destruidoras, na próxima vez reduza o açúcar, não vá à festa ou... prepare-se para a bomba.

Algumas pessoas com TDAH ou sintomas de TEAV melhoram quando eliminam o glúten ou a lactose da alimentação. A melhor maneira de descobrir se é o seu caso é tentando. Evidentemente, se tiver intolerância a glúten ou lactose, você já deve saber disso, mas muita gente que não é estritamente intolerante – tanto crianças quanto adultos – apresenta grande melhora quando adota uma dessas dietas de restrição.

Inclusive, há uns quarenta anos, o Dr. Benjamin Feingold defendeu uma dieta que, supostamente, curaria o TDAH. Era complexa, exigia a exclusão de adoçantes, aditivos, corantes e muitos alimentos com salicilatos, como cereja, amêndoa, chá e tomate. A estratégia consistia em retirar esses alimentos e reintroduzi-los um a um, em caso de melhora. Desse modo era possível saber a quais alimentos a criança tinha tolerância e quais pioravam seus sintomas.

Tal como muitos que tentam apresentar algo novo, Feingold foi longe demais com sua dieta, tornando-se excessivamente doutrinário, o que o levou ao esquecimento. Mas, como ocorre em vários programas novos, havia muito mérito em seu plano. Vimos algumas crianças se beneficiarem imensamente com a dieta Feingold, provavelmente por causa de alguma sensibilidade ou alergia alimentar.

SUPLEMENTOS DE VITAMINAS E SAIS MINERAIS

Há alguns suplementos que todos concordariam em recomendar: multivitamínicos, vitamina D, magnésio, vitaminas do complexo B, vitamina C (tanto o ácido ascórbico quanto a vitamina conexão!), cálcio, zinco.

Porém, encontra-se também à venda uma série de "poções" para o cérebro com TDAH – algumas vendidas por pessoas confiáveis, outras nem tanto. Como não são regulamentados pela FDA, instituição americana de controle similar à Anvisa no Brasil, os suplementos são como uma terra sem lei. Um livro confiável sobre o assunto que recomendamos e que examina uma série de tratamentos naturais é *Non-Drug Treatments for ADHD* (Tratamentos não medicamentosos para o TDAH), de Richard Brown e Patricia Gerbarg. (Fique atento, pois os suplementos disponíveis no mercado americano são diferentes daqueles oferecidos e aprovados no Brasil).

Há um suplemento que recomendamos especificamente e que nós dois tomamos: OmegaBrite. Desenvolvido há mais de vinte anos por Carol Locke, uma médica formada em Harvard, trata-se de um suplemento de ácidos graxos ômega-3 que confiamos que seja bem formulado, sem contaminantes como o mercúrio. Os ácidos graxos são bons para o cérebro – e, portanto, para o TDAH – porque a bainha de mielina, que envolve os neurônios como a capa de borracha dos fios elétricos, é feita de gordura. Logo, manter essa composição gordurosa exige ácidos graxos essenciais. "Essenciais" significa que seu corpo não os sintetiza, então é preciso obtê-los pela ingestão. E a não ser que você coma muito salmão, cavala, anchova e sardinha, sua alimentação não terá ácidos graxos essenciais suficientes.

CANABIDIOL

O *canabidiol* (CBD) é um extrato da planta *Cannabis sativa*. Sim, é a mesma planta que origina a maconha. Está na moda e é recomendado para tudo, de mau hálito a lombalgia e nervosismo pré-nupcial, mas insistimos que você não o desdenhe. Em muitos aspectos, é a próxima grande invenção em matéria de suplementos.

Quando estávamos na faculdade de medicina, uma de nossas descobertas mais empolgantes foi o *sistema endógeno receptor de opiáceos* – a revelação de que havia receptores de opiáceos integrados ao cérebro. Pouco depois, ficamos sabendo das endorfinas, junção de *morfina endógena*, isto é, a capacidade do organismo de produzir morfina (e dar um "barato dos atletas"). Passado cerca de meio século, entendemos hoje que o corpo também tem um *sistema endógeno de canabinoides*, o que é ótimo e abre portas para uma série de possíveis tratamentos de ansiedade, dor, convulsões, adições e, sim, TDAH.

Para nosso propósito, até agora parece que a principal aplicação dos canabinoides é tratar a ansiedade que tantas vezes acompanha o TDAH e o TEAV. Talvez por interagir com o *sistema gabaminérgico*, o CBD alivia a ansiedade. Mas não se assuste com os palavrões. O GABA é apenas uma molécula, um neurotransmissor promovido por medicamentos como os benzodiazepínicos (Valium, Xanax [Alprazolam], Lexotan e outros) e pelas bebidas alcoólicas. Na dose certa, pode ser calmante.

O Dr. Hallowell faz uso do CBD e diz que reduz a reatividade, ou seja, sua tendência a se irritar com muita rapidez. Procure um médico credenciado para avaliar o seu caso.

Sono

Será que chegamos mesmo ao ponto de ter que mandar as pessoas dormirem? Antes era preciso insistir para que acordassem; hoje, para que durmam. Isso vale principalmente para nós, que temos TDAH ou TEAV e somos caçadores de estímulos. Não gostamos de ir embora da festa nem de desligar nossos aparelhos, e assim ficamos acordados até mais tarde. O problema é que o cérebro não funciona 100% – nem mesmo perto disso – quando não dormimos o suficiente.

Para saber quanto sono é suficiente, observe a quantidade necessária de horas dormindo para você acordar sem despertador. Essa é sua necessidade fisiológica de sono. Tente dormir esse tempo, e tanto seu cérebro quanto seu corpo vão retribuir. O sono insuficiente está associado ao aumento do risco de obesidade, depressão, hipertensão, função imunológica baixa (que pode causar câncer) e transtornos de ansiedade.

Aliás, existe um transtorno do sono específico com sintomas semelhantes aos do TDAH: a *apneia do sono*. Essa condição está na lista de "diagnóstico diferencial" do TDAH. Nela, também se encontram hipertireoidismo e hipotireoidismo, depressão, cafeinismo (tomar café demais ou outras bebidas cafeinadas), transtorno bipolar, transtornos de ansiedade, feocromocitoma (tumor da glândula suprarrenal que provoca aumento da secreção de adrenalina), transtornos pelo uso de drogas, transtorno de estresse pós-traumático e guardar segredos e vergonha demais (isso não é um diagnóstico formal, mas vemos muito). Além de imitar o TDAH, todos esses problemas podem acompanhá-lo. O diagnóstico da apneia é feito em clínicas do sono, encontradas em muitos hospitais. Caso, tipicamente, você acorde ainda cansado, esteja acima do peso (embora pessoas magras também apresentem apneia) e seja muito propenso a se irritar, investigue. Tratá-la pode simplesmente curar o que parecia TDAH.

Embora os medicamentos ajudem a adormecer, há um aparelho relativamente recente aprovado pela FDA para insônia, depressão e ansiedade. Vimos que também é útil em alguns pacientes com TDAH, de todas as idades: o estimulador de Fisher Wallace. Usando uma forma leve de corrente alternada, é capaz de estimular neurotransmissores importantes, como serotonina, dopamina e betaendorfina, e baixar o cortisol, o hormônio do estresse, sem causar grandes efeitos colaterais ou dependência. É seguro, fácil de usar por pacientes de todas as idades e está disponível nos Estados Unidos por recomendação de profissionais de saúde no estado em que atendem. O Dr. Hallowell já o receitou a dezenas de pacientes. Embora não tenha funcionado para todos, a maioria melhorou, não só de insônia, depressão e ansiedade, como também do TDAH. E como esses problemas para os quais o aparelho é indicado são comuns no TDAH, o estimulador é uma excelente alternativa não medicamentosa a considerar.

COMO PRATICAR A BOA HIGIENE DO SONO

As recomendações a seguir são dadas por clínicas do sono, que comprovam sua eficácia. Teste para ver. Você dormirá melhor e por mais tempo se:

- Desligar os aparelhos eletrônicos pelo menos uma hora antes de se deitar, a fim de dar ao cérebro o tempo necessário para desacelerar e desestimular.
- Carregar os aparelhos eletrônicos durante a noite fora do quarto.
- Deixar seu quarto o mais escuro possível. A ausência de luz é o principal sinal para indicar que é hora de desacelerar e, assim, regular seu ritmo circadiano.
- Baixar a temperatura. Abra a janela para o ar fresco entrar, ligue o ventilador ou o ar-condicionado.

Positividade em primeiro lugar

Até agora, falamos de coisas que você consegue controlar relativamente bem – a estrutura de seu dia, o que entra por sua boca, a que hora pousa a cabeça no travesseiro. Mas o que fazer com as outras pessoas que também fazem parte do ambiente, considerando que é pouco possível controlar suas ações ou pontos de vista? Basta escolher quem poderá acessar seu mundo e, até certo ponto, com quem passará seu tempo. Portanto, escolha com sabedoria.

Para uma criança, se você tiver o luxo de optar, isso significa escolher uma escola que fortaleça seus pontos fortes. Veja na página 95 nossa breve avaliação recomendada de pontos fortes e mostre à escola as respostas de seus filhos. Consiga que a lista faça parte da "ficha" da criança, para que todos que entrarem em contato com ela tenham essa compreensão básica. Mesmo que não possa escolher a escola por questões financeiras ou de localização, mostrar a lista dos pontos fortes de seus filhos é um modo gentil de defender suas necessidades, e pode provocar uma conversa positiva com a escola ou com o professor que ainda não avaliou o que está acontecendo.

Existem outras demandas para a escola, como as mencionadas no tópico Estruturação das Tarefas Diárias, na página 108. Vale relembrar: deixe claro para a diretoria e os funcionários que a criança tem a necessidade de ser estimulada, para que lhe ofereçam oportunidades de se levantar e se mexer e tentem adequar parte das matérias ensinadas aos interesses da criança.

Se você for o adulto com TDAH, certifique-se de estar cercado no local de trabalho por tipos positivos, compreensivos, que apreciem seu talento. Se já for assim, maravilha! Mas, se a lista (novamente, em Estruturação das Tarefas Diárias, na página 108) de circunstâncias que criam um ambiente de trabalho espetacular não combina com o que você encontra todo dia, procure outro emprego. Sabemos que isso é pedir muito, principalmente com a economia em baixa. Então o que dá para fazer para encher seu ambiente de positividade? Escolher parceiros e amigos com muito cuidado!

Não temos estatísticas que comprovem isso, mas as evidências anedóticas são avassaladoras: é comum as pessoas com TDAH e TEAV cometerem o erro de se apaixonar por desastres. Afinal, ajudar pessoas em sofrimento e salvá-las é muito estimulante. Mas aqui vai nosso conselho: tente se apaixonar por um indivíduo estável que também seja estimulante. Eles existem!

Em termos mais gerais, mantenha distância de pessoas que derrubam você, que fofocam, que são predominantemente céticas e negativas. Isso não é dizer que você só deva se associar com otimistas alegres. Alguns grandes amigos nossos são pessimistas inveterados e rabugentos, mas mesmo assim transmitem afeto. O que é bom evitar são as pessoas que sugam toda a sua energia positiva. Para testar, observe como se sente quando se afasta de alguém. Esse é um bom indicador de que vale a pena ou não passar mais tempo com ela.

Aceitação e procura pela ajuda certa

A ideia de procurar e encontrar o tipo certo de ajuda é prima de uma de nossas principais regras: nunca se preocupe sozinho. Quando as exigências excedem a capacidade de cumpri-las, procure ajuda no lugar certo e com a pessoa certa.

A maioria entende que pedir por socorro não é sinal de fraqueza, pelo menos não na maioria dos contextos. Se você é pai ou mãe recente, por exemplo, em geral não há vergonha nenhuma em pedir ajuda ou orientação de seus pais, amigos ou do pediatra do bebê. Sabemos que a depressão pós-parto ainda pode ser um tabu, mas o fato de cada vez mais mulheres procurarem ajuda médica quando apresentam os sintomas tem feito tal estigma diminuir. Deveria ser assim também para pedir ajuda em caso de TDAH ou TEAV. Como dizemos o tempo todo a nossos pacientes, não fique aguentando. Trabalhe duro, mas usando a inteligência. Como as limitações sociais do TDAH/TEAV podem ser dolorosas e incapacitantes, é importante dar esse passo com seriedade.

TREINAMENTO SOCIAL

Embora faça muito sentido se esforçar ao máximo para se associar a pessoas espetaculares, não é possível controlar completamente com quem você vai conviver. Seja uma criança na escola, jogada num novo grupo aleatório a cada ano, seja um adulto no trabalho, forçado a colaborar com pessoas de quem não gosta muito, saber lidar com quem aleatoriamente lhe aparece cria uma vida mais feliz e bem-sucedida.

É aí que as novas pesquisas vêm nos salvar. Atualmente (e não faz muitos anos) temos métodos confiáveis para ensinar as crianças e os adultos a se entenderem com os outros. A partir de Pavlov com seus famosos cães, na Rússia, e seguindo por B. F. Skinner e seus igualmente célebres ratos em Harvard, o movimento behaviorista nos libertou da ideia de que só o livre-arbítrio determina as ações humanas. De acordo com essa linha, se alguém é invasivo, bobo ou grosseiro, isso não significa que ele *pretenda* ser assim nem, mais importante, que esteja destinado a continuar sendo desse jeito.

A pesquisa do behaviorismo gerou toda uma linha de tratamento que ainda é amplamente usada com sucesso: a *análise do comportamento aplicada* (*applied behavioral analysis*, ou ABA). Mais voltada para o autismo, a ABA também pode ser empregada para mudar qualquer tipo de hábito, aprender novos comportamentos, desenvolver novas rotinas, treinar bebês a desfraldar e até gerenciar grandes organizações. Sua missão é desenvolver um conjunto de habilidades que ajude o indivíduo a ter uma vida melhor.

Porém existe outra abordagem que pode ser mais efetiva para nos ensinar a ler uma cena social, em vez de apenas mudar hábitos e comportamentos. Esse método ajuda as pessoas a *entenderem* seu comportamento em vez de só mudá-lo; daí seu nome *aprendizagem social*. Em vez de só se concentrar nas habilidades, o terapeuta tenta ajudar a criança a entender o que está acontecendo numa situação social e, consequentemente, aprender.

Desse modo, se uma criança não consegue descobrir como se relacionar, ou seja, se ela não "entende" como agir em grupo – assim como algumas crianças não "entendem" problemas de matemática –, é preciso um especialista que vá além das habilidades de treinamento da ABA, que faça mais do que lhe dizer quais ações imitar, quais palavras recitar, quais movimentos fazer. É preciso um treinador para ajudar seu filho a pensar e sentir nas várias etapas combinadas que estão implicadas nessa interação incrivelmente complexa chamada de "se entender bem com os outros". Em algumas crianças, isso é natural, assim como patinar para trás em outras. Para muitas outras é estranhíssimo, exatamente como algumas crianças caem sentadas quando tentam patinar para trás. Entretanto, para ambos os casos há um truque que pode ser decomposto em etapas fáceis de aprender. *Não é preciso nascer com o talento. É possível aprender por indução, em vez de decorar ou se condicionar.* Essa é a grande descoberta que distingue a aprendizagem social do treinamento behaviorista.

O pessoal da ABA e o da aprendizagem social discutem quem está certo, o que é contraproducente. Os dois grupos têm muito a oferecer. Se quiser parar de fumar, de comer demais ou de praticar algum outro hábito, procure um especialista em ABA. Mas, se quiser aprender a se entender com os outros, procure um especialista em aprendizagem social. Caroline Maguire, uma coach realmente incrível, escreveu um excelente livro que insistimos que você consulte: *Why Will No One Play with Me? The Play Better Plan to Help Children of All Ages Make Friends and Thrive* (Por que ninguém brinca comigo? O plano para brincar melhor que ajuda crianças de todas as idades a fazer amigos e prosperar).

Vale notar que, muitas vezes, mudar o comportamento com

a ABA é mais do que suficiente. Entretanto, às vezes você quer ir mais fundo para ajudar a criança – ou qualquer pessoa – a entender de forma racional e emocional onde ela está e quem é nas situações sociais, a reconhecer as opções e a decidir o que quer fazer. Quando a criança aprende a decidir sozinha o que quer fazer em vez de adotar os comportamentos reflexos a que foi condicionada, vem o verdadeiro crescimento. A ABA permanece na superfície, ao passo que a aprendizagem social é profunda. A ABA é mais ou menos robótica, enquanto a aprendizagem social ajuda a entender as situações sociais e a reagir de acordo com seus próprios desejos e valores. A ABA é mais mecânica, enquanto a aprendizagem social é mais flexível e humana. Quando treinamos as crianças a entender as situações sociais e a desenvolver maneiras diferentes de lidar com elas, estamos ensinando não só a agir, mas também a gostar disso, de modo que a interação não seja mais uma questão de repetir etapas.

CAPÍTULO 7

Mexa-se para se concentrar, mexa-se para se motivar: o poder do exercício físico

Tem um grande artigo a entregar, uma apresentação a fazer? Precisa estudar para uma prova importante? Eis uma dica de profissionais: corra em volta do quarteirão, suba e desça a escada de casa, dê um jeito de se mexer. Você notará claramente a diferença na capacidade de se concentrar e de entrar no clima. Melhor ainda, faça disso um hábito regular e considere-o uma dose necessária de remédio para continuar funcionando em sua melhor versão.

Para entrar nos trilhos e se manter neles, o exercício físico é uma das mais poderosas ferramentas não farmacológicas que temos e uma importante linha de defesa. Além de deixar seu cardiologista feliz e melhorar sua aparência em trajes de banho, um dos efeitos mais benéficos e fascinantes da atividade física é preparar o cérebro para se desenvolver, aprender e mudar, mais do que qualquer outra atividade humana. Ela melhora o humor e a motivação, reduz a ansiedade, regula as emoções e mantém o foco.

Para depressão, ansiedade, TDAH e TEAV, exercício físico é exatamente o que o médico deveria receitar.

VER PARA CRER

Bem no início da década de 1980, um paciente que chamaremos de David foi consultar o Dr. Ratey. Professor de uma universidade de elite da Nova Inglaterra, David era incrivelmente produtivo e bem-sucedido no trabalho, tendo escrito muitos livros e artigos e atuado como um palestrante importante no mundo inteiro. Também corria desde pequeno, com preferência para a maratona. No entanto, alguns meses antes de procurar o Dr. Ratey, David sofrera uma entorse no joelho e fora forçado a parar de treinar e competir. Seu ritmo passara a ser de caminhada, e mesmo assim com muita cautela.

David saíra recentemente de uma breve depressão relacionada à lesão do joelho, o que era compreensível, pois fora forçado a se afastar do hábito e da paixão da vida inteira para se curar, mas estava preocupado com os outros desafios que enfrentava: não conseguia se concentrar no trabalho e a vida pessoal estava uma bagunça. Aquele professor que até então tinha alto desempenho e cumpria várias tarefas passou a procrastinar a todo momento. Ele não retornava telefonemas, zangava-se indevidamente com a namorada de longa data por razões bobas, não visitava os amigos e, nos vários projetos, seu trabalho estava quase parando. Também não conseguia mais nem começar nem manter a escrita e a leitura, esquecia os compromissos e se desorganizava de modo nunca visto. Parecia que a mudança de rotina e de ambiente tinha revelado o TDAH subjacente, sendo a corrida seu mecanismo vitalício para lidar com o transtorno.

Como David estava ansioso para reverter a espiral descendente – desesperado, na verdade, para voltar a ser quem era – e como ainda não podia voltar a ter a corrida como bálsamo, o Dr. Ratey lhe receitou ritalina. O efeito positivo foi imediato. Em seis meses, David voltou a ser capaz de começar e concluir o trabalho e ficou muito mais capaz de modular as emoções, o que foi muito útil para seus relacionamentos.

Assim que seu joelho sarou e David finalmente pôde voltar à rotina de corrida, ele e o Dr. Ratey concordaram que era hora de reduzir e suspender a ritalina, o que foi feito sem nenhum problema no campo profissional. Nos anos seguintes, David ocasionalmente usou uma pequena dose de ritalina para concentrar o foco, mas a sua corrida sempre foi seu tipo de medicação, um tratamento realmente efetivo para seu TDAH antes não reconhecido.

CIÊNCIA

O que exatamente acontece quando você calça os tênis e sai para correr, vai à academia ou aumenta o volume da música para dançar? São muitos os benefícios de se acelerar o coração, e talvez um dos mais importantes seja a liberação de uma proteína chamada *fator neurotrófico derivado do cérebro* (BDNF, na sigla em inglês). Pensamos nela como adubo para o cérebro, pois cria um ambiente fértil para cultivar novos neurônios, conectores e vias positivas. Além disso, a atividade física é o exercício que mais demanda células nervosas. Quanto mais nos mexemos, mais essas células trabalham e disparam. Quando isso ocorre, elas liberam mais neurotransmissores para levar informações de um neurônio a outro e criam um pico de dopamina e norepinefrina, que têm o importante papel de regular nosso sistema de atenção.

Na verdade, a função dos estimulantes e antidepressivos que receitamos no TDAH é aumentar a concentração de dopamina e norepinefrina no cérebro para manter o estado de alerta e aumentar e sustentar o foco e a motivação. Um dos achados em andamento nas pesquisas sobre TDAH é que algumas diferenças genéticas associadas ao transtorno estão ligadas a defeitos na mecânica da dopamina e da norepinefrina, e que se exercitar arduamente seria como tomar um estimulante que corrige esse déficit naquele momento. Vemos um ser atento e estimulado.

Quando você se exercita, os conectomas desengonçados da rede de modo padrão se tornam mais suaves e permitem transições mais fáceis e completas para a rede positiva de tarefas, em que acessamos o córtex pré-frontal. Lembre-se: essa região é o CEO do cérebro. Assim que você se mexe, ela se "acende", liga o sistema de atenção e permite que você permaneça concentrado na tarefa.

E aqui vem a melhor parte: não é preciso ser um maratonista como David para obter os benefícios. Em 2018, um artigo científico espanhol examinou uma série de estudos feitos ao longo de 12 anos em que usaram a atividade física como tratamento do TDAH. A equipe acompanhou mais de 700 indivíduos de oito países. Depois de apenas 20 a 30 minutos de exercício em ritmo moderado, esses participantes relataram aumento da velocidade de reação e da precisão da resposta, o que os ajudou a "trocar de marcha" e se concentrar com mais exatidão e intensidade. Além disso, em 65% deles a capacidade de planejamento e organização melhorou de forma significativa após um único episódio de 20 a 30 minutos de exercício.

SUCESSO NA SALA DE AULA

Parte das ideias mais criativas e fora da caixinha sobre o uso do exercício físico para o TDAH vem das escolas e dos educadores. Os professores serão os primeiros a dizer que quase nenhuma criança consegue ficar horas e horas sentada, nem a maioria dos adultos, aliás. Isso fica ainda mais óbvio quando é crescente o número de alunos com TDAH ou problemas de aprendizagem.

Em Saskatoon, no Canadá, a professora Allison Cameron, do nono ano, enfrentou um desafio ainda maior. Ela trabalhava na City Park Collegiate, escola conhecida como último recurso para botar nos trilhos os alunos que não se adaptaram às outras instituições de ensino do distrito. Muitos viviam na pobreza com pouco apoio, nasceram com síndrome alcoólica fetal, abusam de drogas e álcool ou fizeram escolhas erradas nos quesitos pessoal e acadêmico. Nessa escola, Allison foi a encarregada de gerir um programa de gestão comportamental com os mais difíceis desses alunos problemáticos. Como nos contou, "eles estavam marcados como os piores de todos. Para participarem do programa, precisavam de uma ficha longa, com brigas, questionamento e desrespeito".

No entanto, não era só isso que essa professora jovem e cheia de energia teria que resolver. A maioria dos alunos estava com pelo menos quatro anos de atraso em leitura e escrita, e quase 100% deles tinham sido diagnosticados com TDAH e tomavam medicação. O absenteísmo era enorme e, como a maioria das crianças enfrentava grandes problemas de atenção, fazê-los ficar sentados tempo suficiente para aprender era quase impossível.

Em turmas anteriores, Allison testemunhara o poder da atividade física para melhorar o comportamento e a cognição. Ela decidiu, então, experimentar com os novos alunos. "No primeiro dia de aula, sugeri que fôssemos correr, para ver se conseguíamos trabalhar com alguns comportamentos irracionais e combativos [...]. Eles se recusaram a correr, então os levei para andar. Uma caminhada de 30 minutos se transformou em duas horas para alguns e em passe livre para outros dois se drogarem. Depois desse dia, percebi que a única opção era mantê-los dentro da escola para acelerar sua frequência cardíaca."

Sem desanimar, Allison convenceu um conhecido, dono de uma academia, a ajudá-la por meio da doação de algum equipamento. Logo, a sala estava lotada: havia oito esteiras, seis bicicletas ergométricas e 14 monitores cardíacos. Foi aí que a situação começou a mudar. "Eu via o potencial dos alunos e sabia que, se conseguisse acelerar sua frequência cardíaca por mais de 90 segundos, todos ficaríamos muito mais felizes."

Allison diz que ela mesma usar o equipamento foi um primeiro passo importante para que os alunos relutantes adotassem o programa. Além disso, as opções eram ou subir na esteira ou na bicicleta ou ficar sentado na carteira fazendo exercícios de matemática, o que explica bem que eles pusessem em si os monitores cardíacos doados. "Expliquei que eu só estava pedindo que aumentassem a frequência cardíaca em até 65% a 75% do máximo. Era um conceito novo para os alunos, e eles começaram a achar divertido."

Nas aulas de 45 minutos, Allison mandava os alunos se levantarem e correrem 20 minutos e depois entrava no trabalho didático. Na verdade, houve um ganho líquido de tempo de ensino, já que, antes, ela passava a primeira meia hora tentando controlar os problemas disciplinares. Agora os estudantes se mexiam e regulavam as emoções enquanto ligavam o sistema de atenção. Quando saíam do equipamento, conseguiam ficar parados, absorver informações e, de fato, aprender alguma coisa, além de se sentirem melhor. "Eles começaram a parar de fumar, a emagrecer... muitos conseguiram reduzir ou suspender a medicação. Me diziam que se sentiam muito melhor. Eles iam à escola todo dia só para andar na esteira!"

Assim, a frequência aumentou e, no segundo semestre, as suspensões caíram a zero. Além disso, as notas nas provas dispararam. "Em média, o nível de leitura, compreensão e reconhecimento instantâneo de palavras comuns subiu quatro séries em quatro meses!", conta Allison, com orgulho. "Esses alunos se tornaram os maiores defensores do programa e se gabavam de seu sucesso com os colegas e a família."

Embora seja impossível pôr aparelhos de ginástica em todas as salas de aula, a notícia desse tipo de sucesso está se espalhando, de modo que muitas instituições de ensino e professores já reconhecem os benefícios das "pausas cerebrais", ou seja, da importância de se permitir que as crianças se levantem da carteira e deem seus pulos. Além disso, muitos diretores de escola reconhecem a importância do bom recreio à moda antiga e defendem a manutenção desse tempo livre (que melhora o comportamento e o aprendizado) daqueles que gostariam de extingui-lo em prol de mais tempo de aula.

UM NOVO TIPO DE CASTIGO

Outra inovação cada vez mais usada em salas de aula é uma variação do castigo tradicional. Em geral, a punição tradicional consiste em mandar o aluno para uma sala à parte ou ficar em silêncio no gabinete do diretor (ou em casa, no quarto). No novo tipo, a criança não é obrigada a se retirar, mas a se dedicar a algum tipo de atividade física. Pode ser algo simples, como dar pedaladas numa bicicleta ergométrica para restaurar o equilíbrio emocional, mas algumas escolas do ensino fundamental mandam as crianças para o pula-pula ou minicama elástica até se acalmarem. Outras fazem a criança subir e descer degraus ou, simplesmente, pedem que faça ou entregue alguma coisa em outra parte do prédio.

Uma escola de Boston ligada ao sistema judiciário juvenil, cuja maioria dos alunos tem TDAH, levou esse conselho muito a sério. Inspirados pelo livro *Corpo ativo, mente desperta: a nova ciência do exercício físico e do cérebro*, do Dr. Ratey, eles criaram uma "Sala Ratey" equipada com o videogame *Dance Dance Revolution*, uma minicama elástica e outros equipamentos para exercícios físicos. Quando aprontam, os alunos vão para a Sala Ratey, para suar e, ao mesmo tempo, controlar as emoções, manter o cérebro ligado, voltar aos eixos e, assim, ficar prontos para aprender. Talvez você esteja pensando que as crianças fazem bagunça de propósito para ir para esse espaço que parece divertido, mas, na verdade, como todas as crianças, elas querem ficar na sala de aula com os colegas. Ninguém quer ser mandado para a Sala Ratey, mas, quando isso acontece, eles têm muitos benefícios.

Esse tipo de inovação também marca presença no outro lado do mundo. Tatsuo Okada, doutor pela Universidade da Califórnia, é um dos pioneiros do Japão a usar jogos e exercícios físicos para tratar crianças com TDAH, autismo e outras diferenças cerebrais. Como ele próprio se beneficiou da atividade física para seu TDAH, e considerando o que aprendera no livro *Corpo ativo, mente desperta*, do Dr. Ratey, Okada abriu, em 2013, em Tóquio, um "Spark Center", local planejado para as crianças gastarem energia se mexendo depois das aulas. Incentivado pelos pais agradecidos e pelo reconhecimento do governo japonês ao resultado positivo, até agora Okada já abriu 18 unidades em todo o Japão e tem planos de expansão.

Se você visitar um desses centros de diversão muito iluminados, verá crianças correndo, rindo e gritando. À primeira vista, parece um vale-tudo. Mas olhe com mais atenção para notar treinadores adultos plenamente engajados, correndo atrás das crianças, incentivando-as a passar por várias pistas de obstáculos ou a concluir uma série de tarefas para as quais não há outra opção senão se concentrar. Os pequenos usam ativamente seu sistema de atenção, ainda mais fortalecido pelo aumento da frequência cardíaca. "O programa se torna muito mais eficaz quando estimula o interesse e a curiosidade da criança", explica Okada. "Queremos atrair a atenção dela, fazer seu interesse crescer e avançar com propósito [...]. É interessante observar que, quando a criança se concentra no exercício e na brincadeira, seus problemas emocionais e sensoriais quase desaparecem."

É claro que qualquer uma dessas estratégias de movimento pode ser reproduzida no seu lar. Em vez de castigar seus filhos com um tempo no quarto ou no cantinho do silêncio, faça-os subir e descer escadas, correr no playground ou em volta do quarteirão, buscar a cama elástica no porão ou ligar a música e dançar. A propósito, há um jogo de Okada que é fácil de reproduzir em casa: cole números aleatórios na parede da sala ou em árvores ao ar livre. Grite um número qualquer e mande as crianças verem com que velocidade conseguem chegar até ele. Isso acelera o coração, que, por sua vez, acende a rede positiva de tarefas (RPT) e, no processo, reforça a conexão entre a rede de modo padrão (RMP) e a RPT.

UMA QUESTÃO DE EQUILÍBRIO

Como ilustra a experiência do Dr. Hallowell com Samuel relatada no Capítulo 3, o treinamento em equilíbrio e coordenação pode ser transformador para as crianças com TDAH. A receita de fazer o pré-adolescente enfrentar uma série de desafios, como ficar num pé só com os olhos fechados, equilibrar-se numa prancha instável e fazer malabares, talvez pareça estranha à primeira vista, mas há muita ciência por trás da recomendação de reforçar esses aspectos para quem tem problemas de atenção. E nunca é cedo demais para começar. Um estudo recente examinou dois grupos de pré-escolares de alto risco (considerando seu nível elevado de sintomas de TDAH), dando treinamento de equilíbrio a um deles. Embora a amostra fosse pequena (15 crianças no total), houve melhora significativa da atenção e do autocontrole nas que fizeram o treinamento direcionado de equilíbrio quando comparadas às que não fizeram.

Uma prática física excelente para promover equilíbrio e coordenação, além de foco e disciplina, são as artes marciais. Numa conferência de 1990 para o corpo docente das escolas que cuidavam das crianças mais difíceis dos Estados Unidos, o Dr. Ratey conheceu professores e orientadores de instituições educativas hoje conhecidas como "programas de vida selvagem", já que recebem alunos com transtornos de conduta e comportamento opositivo extremo para se "endireitarem". Com surpresa (lembre-se, era 1990), ele soube que muitos desses programas destacavam o tae kwon do ou o caratê como disciplina diária obrigatória. Para quem está de fora, parece arriscado ensinar a crianças com problemas comportamentais graves movimentos capazes de ferir os outros. No entanto, os orientadores explicaram que seguiam protocolos rígidos e instrutores excelentes que exigiam que as crianças executassem os socos, os pontapés e as joelhadas com precisão antes de passar para o nível seguinte. O treino exigia que os alunos se concentrassem, controlassem o próprio corpo e dominassem as emoções. Combinados à força física das artes marciais, parecia que os treinos também fortaleciam as redes neurais das crianças. O resultado foi a diminuição do comportamento agressivo e perigoso, a melhora no desempenho escolar e o aumento geral do bem-estar. Esse resultado inicial está de acordo com o que vemos hoje em outros estudos sobre os efeitos das artes marciais no tratamento para TDAH: elas promovem uma melhora real e prolongada em crianças e adultos. É claro que encontrar o instrutor certo é importante, mas, felizmente, ficou claro para professores e donos de escola como as artes marciais podem beneficiar quem tem TDAH, de modo que muitos vêm se especializando para trabalhar com crianças que tenham dificuldade de atenção.

YOGA E MEDITAÇÃO

Quem já praticou yoga sabe que posturas, como a da árvore e a do guerreiro, fortalecem o equilíbrio e a concentração. O yoga exige observar o corpo e a respiração e fazer pequenos ajustes específicos para se alinhar adequadamente nos *asanas*. Dependendo do tipo de yoga, a frequência cardíaca também sobe, o que aumenta o benefício para a capacidade de foco e aprendizado.

Um estudo recente de Taiwan examinou o efeito do yoga em 49 crianças de 10 anos. Cerca de metade delas o praticou duas vezes por semana durante oito semanas, e a outra metade, o grupo de controle, não. Os grupos fizeram dois testes de atenção específicos antes e depois das oito semanas. Um deles é o chamado Teste de Determinação, que avalia a velocidade de reação, os déficits de atenção e a tolerância ao estresse reativo na presença de estímulos ópticos e acústicos contínuos e em mudança rápida. O outro, o Teste de Exploração Visual, mede a percepção e a atenção seletiva por meio do desafio de acompanhar linhas. Nos dois testes, a melhora significativa da precisão e do tempo de reação só foi observada no grupo de crianças que praticou yoga.

Embora obviamente menos desafiadora do que o yoga no quesito aeróbico, a meditação também mostrou resultados potentes. Ela é muito útil para enfrentar a irritante rede de modo padrão de nosso cérebro, que nos faz cair na ruminação destrutiva interminável ou ficar com a mente vagando e pulando de pensamento em pensamento. Esse hábito, aliás, entre os adeptos da meditação, é muitas vezes chamado de "mente do macaco". Um estudo recente da Universidade Yale constatou que a meditação da atenção plena (*mindfulness*) reduz de forma tangível a atividade da RMP e a atenua quando seu domínio parece destrutivo.

É fato que a prática regular da meditação consegue mudar a estrutura cerebral. Um estudo de 2011 feito em Harvard constatou que apenas oito semanas de *mindfulness* para redução do estresse aumentou a espessura cortical do hipocampo, região fundamental do cérebro que supervisiona o aprendizado, a memória e a regulação emocional, áreas importantes a serem reforçadas em quem tem o traço de estímulo de atenção variável.

Uma parte importante da meditação é o foco na respiração. Tomar consciência da respiração, seja contando o número de inspirações e expirações, seja por meio de outras técnicas, exige atenção direcionada, que naturalmente fortalece a conexão com a rede positiva de tarefas. Quando a mente começa a vaguear, a meta é deixá-la mais estável por meio de várias idas e vindas de foco na respiração. Há muitos aplicativos úteis para isso, como Headspace, Calm e Mindfulness.

Também recomendamos a técnica respiratória chamada "Sopro Ha". É simples, mas exige certo foco e concentração. Para começar, inspire profundamente pelo nariz enquanto ergue os braços o máximo que puder. Em seguida, abaixe o tronco e os braços relaxados enquanto solta o ar pela boca, emitindo a plenos pulmões o som "Ha" (pronuncia-se "Rá"). Depois faça outra inspiração profunda e expire lentamente pelo nariz. Feita no início da meditação, esta técnica de respiração forçada interrompe as ruminações indesejadas e liga imediatamente a atenção e o estado de alerta.

MOTIVAÇÃO

Algumas pessoas arrumam as roupas de treino à noite como motivação para os exercícios da manhã. Outras prometem a si mesmas uma recompensa, o que as mantém avançando rumo à meta. Mas há outra maneira, hoje comprovada, de se motivar a manter os exercícios: lembrar-se de como se sente bem quando os termina.

Um estudo recente coordenado pela Dra. Michelle Segar, da

Universidade de Michigan, mostrou que, para os adultos, o melhor motivador a longo prazo (mais de um ano) para se exercitar é a redução do estresse e a sensação de bem-estar. Em outras palavras, não é uma meta externa, como emagrecer para a próxima festa ou comprar o *smartwatch* que você quer saber se realmente funciona. Em vez disso, o que lhe dá ânimo para continuar avançando é recordar como se sente bem após os exercícios.

Um de nossos casos favoritos sobre a combinação de exercício, foco e motivação é o de uma garota que chamaremos de Lucy. Ela era superinteligente, mas, por causa do TDAH, achava matemática difícil. Lucy se frustrava facilmente, porque as frações, os decimais e a multiplicação não eram tão fáceis quanto as outras matérias. Ela não tinha paciência de se sentar para resolver os problemas e não conseguia fazer o cérebro entendê-los. Por isso, tinha frequentes ataques de raiva quando começava o dever de casa de matemática. O Dr. Ratey então sugeriu que experimentasse pular corda vigorosamente durante 5 minutos antes de começar as lições. Deu certo! Ela se sentiu menos ansiosa e, com o cérebro ligado, não ficou mais tão intimidada pelos problemas de matemática. Anos depois, impelida pelo sucesso, Lucy manteve essa orientação para as aulas práticas e teóricas da faculdade de enfermagem. Assim, sempre que se sentia sobrecarregada ou frustrada com a química orgânica, a física ou o laboratório de anatomia, ela pulava corda. Essa prática tornou seu "motivador condicionado". Ela sabia que podia contar com isso para reduzir instantaneamente o estresse, deixá-la melhor e fazer seu cérebro voltar aos eixos.

MEXA-SE

Não há uma fórmula perfeita para calcular nem a quantidade certa de exercício físico nem a frequência cardíaca ideal para atenuar os problemas de TDAH e TEAV, porque as variáveis são muitas. Assim, recomendamos que você pratique algum tipo de atividade física durante pelo menos 20 minutos por dia. Escolha algo divertido, interessante, que você sinta vontade de repetir, e vá variando ao longo da semana – exercícios diferentes estimulam partes diferentes do cérebro. É claro que, para alguns com TDAH, a novidade é importante por outras razões, já que o tédio é nosso arqui-inimigo. Então é bom fazer uma mistura de:

- Atividade aeróbica que aumente sua frequência cardíaca a 70% do máximo durante pelo menos 20 minutos.
- Treino de equilíbrio para fortalecer tanto o cerebelo quanto os músculos centrais do corpo. Boas opções são o yoga e a bola BOSU.
- Treino concentrado, que ajuda a manter o foco enquanto eleva a frequência cardíaca. Zumba e outros programas de dança, artes marciais, esportes coletivos ou com raquetes são indicados.
- Musculação, que também é excelente para a saúde e a boa forma física. Naturalmente, será incorporada a algumas dessas atividades.
- Se quiser um crédito extra, faça seu treino ao ar livre sempre que possível.

Para esses exercícios, é sempre útil se comprometer com alguém ou manter uma rotina que envolva outra pessoa. Caminhar depois do jantar com o parceiro, um amigo ou um filho que sofra com os sintomas ainda traz o bônus do tempo juntos. Sem contar que entrar em forma com os entes queridos é ainda mais divertido.

CAPÍTULO 8

Medicação: a ferramenta mais poderosa que todos temem

A pergunta número um que ouvimos dos pacientes ou de seus pais é: "O senhor acredita em ritalina?" Entendemos que, na verdade, as pessoas estão perguntando se somos da escola de médicos que receitam medicação para tratar o TDAH, mas em geral ficamos tentados a ser literais e responder: "A ritalina não é um princípio religioso!" Ela também não é um agente do demônio, da poderosa indústria farmacêutica, como muitos gostariam que você acreditasse. Infelizmente, como no caso das anfetaminas, os medicamentos receitados para o TDAH entraram no terreno das questões delicadas, e nessa seara a razão desaparece. Tentaremos, então, trazê-la de volta à conversa.

UMA FERRAMENTA VALIOSA

A longo prazo, é importantíssimo adquirir habilidades, procurar a escola ou o emprego certos, encontrar o melhor professor, mentor ou parceiro e desenvolver o que chamamos de vida cheia de conexões positivas com pessoas, atividades e propósitos, mas a curto prazo nada é tão compensador quanto a medicação. Na verdade, contanto que receitados e usados adequadamente, os medicamentos trazem o benefício mais imediato e efetivo (em alguns casos, uma hora após a ingestão) de todos os tratamentos existentes. Eles são uma ferramenta terapêutica valiosíssima.

Receitar um medicamento (por parte do médico) e usá-lo (por parte do paciente) deveria basear-se em estudos empíricos, e não na fé, na internet ou na intuição. Claro, baseie a decisão naquilo que você espera, mas o faça também considerando provas claras e evidentes. Então, quando um de nós prescreve uma medicação para um paciente com TDAH, trata-se de um ato científico, uma decisão baseada na leitura de estudos controlados, randomizados e realizados de forma meticulosa, com a confiança de que não há dúvida da eficácia daquele medicamento. Como exemplo, citamos uma grande revisão de estudos compilada pelo Dr. Samuele Cortese, da Universidade de Southampton, no Reino Unido, em 2018. Ele examinou 133 artigos de pesquisa randomizada sobre o efeito da medicação para o TDAH e concluiu que ela é eficaz – não em 100% dos casos, é claro (nenhum medicamento funciona 100% das vezes), mas, em média, em 70% a 80%.

Aqueles que desdenham da medicação ou que atacam os médicos que a receitam provavelmente nunca ouviram as histórias de profundo sofrimento de pessoas de todas as idades com as quais nos deparamos todos os dias, ao vivo ou por escrito, vindas do mundo inteiro. Também não ouviram mães nem adultos recém-tratados chorarem por presenciarem, em questão de dias, os benefícios espantosos da medicação, dando fim a anos de sofrimento desnecessário. Condenar o uso de uma ferramenta que, além de aliviar o sofrimento, pode transformá-lo em sucesso, saúde e alegria... bom, isso não passa de ignorância e até crueldade com as pessoas que, por isso, acabam temendo até experimentar a medicação.

Surpreendentemente, muitos dos que alertam contra os medicamentos para o TDAH ou que têm medo de começar podem, sem saber, estar se automedicando com estimulantes, como a cafeína presente nos cafés diários e nas bebidas energéticas do mercado, como Red Bull, Monster Energy, entre outras. Muitos "medicamentos" vendidos livremente em embalagens inofensivas (a adrafinila e os suplementos de ginkgo biloba são famosos como "drogas para estudar") são usados por adolescentes e adultos para melhorar o humor, o estado de alerta e a cognição. Porém, ao contrário dos estimulantes receitados pelo médico, esses produtos vendidos sem receita não são controlados e podem causar efeitos colaterais, tornando seus efeitos positivos não sustentáveis.

AVALIAÇÃO DA HORA CERTA

Mesmo com a garantia de que é potente e seguro, receitar um medicamento para crianças ou começar você mesmo a tomar é uma decisão importante, muitas vezes sofrida, que afeta a família inteira. Isso leva a outra pergunta comum: "Podemos experimentar primeiro o tratamento não farmacológico e depois, se não funcionar, tentar o remédio?" Em outras palavras, *quando* é a hora certa de tentar a medicação?

Como você viu em nossa abordagem sobre as técnicas de estímulo do cerebelo no Capítulo 3, sem dúvida reconhecemos o mérito evidente do tratamento não farmacêutico, mesmo que o resultado não seja visto ou sentido de imediato. Mas, do ponto de vista estritamente farmacológico, essa estratégia é como dizer "vamos tentar estreitar os olhos durante um ano antes de experimentar os óculos".

Assim, defendemos enfaticamente que ninguém tome remédio nem peça aos filhos que tomem se não quiserem. Na verdade, qualquer medicamento funciona melhor *quando você quer tomar*. Isso acontece por causa do efeito placebo, fenômeno comprovado que se baseia na capacidade da mente de aumentar a eficácia de *qualquer* intervenção, da medicação à cirurgia, à acupuntura, ao exercício físico, às lentes de contato e à próxima refeição.

Antes que você desdenhe do efeito placebo – ou despreze seu papel na decisão de tomar um medicamento para o TDAH –, considere o seguinte. Pense em como seu desempenho melhora quando você está no trabalho que deseja ou mesmo numa entrevista para esse emprego; pense em como cuida bem melhor das coisas – cachorro, carro, barco, casa – quando realmente quer; pense em como aprecia muito mais a refeição quando espera com expectativa para ir a um restaurante especializado, em como gosta mais do filme quando o escolhe, em como gosta mais do presidente quando votou nele ou mesmo de seu chefe quando ele contratou você (ou de seu funcionário, quando é você quem contrata!).

Não queremos insistir no óbvio, mas trata-se de uma questão que a maioria deixa de lado. Esse é realmente um princípio fundamental da vida feliz e bem-sucedida. Temos melhores resultados quando nos envolvemos com as atividades e as pessoas com que queremos nos envolver. O resultado é pior, muito pior, quando somos forçados ou coagidos. Por isso, assim como fazer uma coisa certa pelo motivo errado, nem o melhor medicamento funcionará tão bem se você não quiser tomá-lo. Portanto, antes de começar a usá-lo, espere o tempo necessário até que você ou seus filhos, além de se sentirem à vontade, queiram tomá-lo.

PENSE EM TERMOS DE RISCO E BENEFÍCIO

Um homem que chamaremos de Dan procurou o Dr. Ratey depois de uma palestra sobre TDAH na Califórnia. Ele explicou que Steven, seu neto de 9 anos, acabara de ser diagnosticado com TDAH. O menino tinha ataques frequentes em casa, não conseguia se sentar à mesa do jantar nem se concentrar no dever de casa à noite. Ia mal na escola, já tinha repetido o ano e não era popular com os colegas de sala. Dan parecia confiar no diagnóstico clínico, mas também se preocupava porque achava que os pais de Steven não lhe davam limites. Além disso, resistiam à recomendação do médico de começar a medicação. Temiam que isso prejudicasse o filho, além de estigmatizá-lo ainda mais, isolando-o como portador de um transtorno. Dan perguntou: *O que devo lhes dizer?*

Alguns pontos se destacam nessa história tão comum. Primeiro, como o Dr. Ratey explicou a Dan, estabelecer controles e limites é essencial para crianças de 9 anos. Afinal, um adulto tem mais facilidade de criar mecanismos de controle e organização, contratar um coach, reconhecer os problemas e conversar com um terapeuta, ao passo que uma criança com TDAH precisa aprender os limites com a ajuda dos pais. O Dr. Ratey também explicou que, dados os sintomas e o comportamento, era muito mais importante que Steven saísse para brincar e se exercitar. Também explicou que bons hábitos de sono, alimentação e tempo de tela seriam essenciais para o menino.

Sobre a questão importantíssima da medicação, o Dr. Ratey sugeriu que os pais de Steven fossem incentivados a fazer uma análise séria de risco e benefício. Seja apenas numa conversa casual, seja mais formalmente com a elaboração de uma lista de prós e contras, eles precisavam considerar até que ponto o TDAH afetava a vida do menino em termos escolares, sociais e emocionais. Steven corria o risco de desenvolver uma autoimagem de fracasso? Já teria desenvolvido? A incapacidade de pisar no freio estaria afetando a socialização e a tentativa de fazer amigos? Eles vislumbravam outras maneiras de reverter com rapidez a trajetória acadêmica descendente de Steven?

Quanto a você, enquanto estiver fazendo sua avaliação de risco e benefício, incentivamos que responda a três perguntas importantes:

1. Além de consultar um psiquiatra, aprendi o máximo possível sobre esse transtorno em fontes confiáveis?
2. Estou fazendo tudo o que posso em termos de tratamentos não médicos (como conexão, estruturação de tarefas diárias, exercícios físicos, sono de qualidade, boa alimentação, meditação e outros hábitos benéficos)?
3. Qual é o impacto negativo desse transtorno em minha vida ou na vida das pessoas que amo?

CONSIDERE AS OPÇÕES

Se as respostas a essas perguntas o convencerem a seguir o caminho da medicação para você ou para seus filhos, é preciso entender as opções farmacêuticas. Quando começamos nessa área, eram poucas as opções, mas agora elas são muitas. Temos à disposição estimulantes, medicamentos similares a estimulantes e a chamada medicação atípica, com versões de ação prolongada. O que se segue neste capítulo são explicações e comentários gerais sobre cada uma dessas categorias.

Quando se trata da medicação para o TDAH, o importante é lembrar que não há uma abordagem única para todos. O conselho de Paul Wender, que foi professor da Escola de Medicina da

Universidade de Utah e que consideramos o pai da psiquiatria biológica, se encaixa bem: "Alguns medicamentos funcionam em algumas pessoas, em alguma dose, em algum período."

O segredo é ter paciência com seu profissional de saúde até encontrar uma fórmula que funcione. Isso pode envolver várias tentativas com vários medicamentos e, como fazemos com nossos pacientes, combinar remédios diferentes em momentos diferentes. Fique atento aos efeitos colaterais, à duração e ao pico de eficácia e a quaisquer repercussões positivas e negativas. Quanto mais seu médico souber, mais fácil será ajustar o plano de tratamento efetivo.

ESTIMULANTES

Os estimulantes são a medicação de escolha para o TDAH. Já está provado que eles são os mais eficazes e com menos efeitos colaterais – como já mencionamos, podemos atribuir a eficácia de 70% a 80% ao uso e ao estudo desse tipo de medicação. Como muitos outros medicamentos controlados, há alguma preocupação, parte dela válida, a respeito da dependência e do uso excessivo de estimulantes, embora o problema seja bastante raro. Trataremos brevemente dessas questões adiante.

Os estimulantes podem ser divididos em duas categorias: o *tipo metilfenidato*, com nomes comerciais no Brasil como Attenze, Ritalina, Ritalina LA e Concerta (e o genérico cloridrato de metilfenidato), e o *tipo anfetamina*, com nomes comerciais como Venvanse.

Parece anti-intuitivo usar algo classificado como estimulante para um cérebro que já parece estar em marcha acelerada, mas essa lógica desconsidera o fato de que, na verdade, os estimulantes elevam o nível de dopamina e norepinefrina, dois neurotransmissores desequilibrados no cérebro com TDAH. Podemos dizer que os estimulantes ativam os freios do cérebro e dão mais controle ao paciente.

O aumento dos níveis de dopamina ajuda os neurônios a transmitirem as informações entre si de maneira mais "limpa". Também reduz o ruído, silencia a matraca e sintoniza o canal certo do cérebro. Quando os sinais não são claros, é fácil cair em ansiedade e confusão.

A dopamina também aumenta a motivação. Em um estudo de 2020, o psicólogo Andrew Westbrook e seus colegas da Universidade Brown mostraram esse tipo de resultado, que muitos relatam quando tomam metilfenidato: um aumento da dopamina disponível numa região profunda do cérebro envolvida na motivação (o *núcleo caudado*) e – como consequência da questão prática medida no estudo – da vontade de enfrentar tarefas difíceis. Os que não tomavam metilfenidato optaram por tarefas mais fáceis.

Há maneiras não farmacológicas de aumentar os níveis de dopamina. Algumas são saudáveis, como praticar exercícios físicos, se engajar com a criatividade e se conectar com os outros ou com uma meta mais elevada, mas outras são contraproducentes, como exagerar nos carboidratos, usar drogas ou desenvolver vícios. O descontrole da busca adaptativa de dopamina provoca todo tipo de adição, mas dominá-la traz sucesso e alegria.

Quando o nível de norepinefrina (NE) sobe, o estado de alerta aumenta, o que nos deixa mais despertos. Isso melhora a capacidade de absorver informações do que nos rodeia, o que significa que nossos sentidos ficam mais sintonizados. Como passamos a ter uma compreensão auditiva e visual mais clara, ficamos melhores em "ler o ambiente".

Tanto a dopamina quanto a NE estimulam as funções executivas, controladas pelo córtex pré-frontal (conhecido como

CEO do cérebro). É nele que se abriga a capacidade de planejar, classificar, de priorizar o que é importante, bem como o auxílio à memória e a avaliação das consequências. A função executiva nos ajuda a pisar no freio, interrompendo reações inadequadas e ações impulsivas e evitando se deixar ser atraído pelo próximo estímulo interno ou externo.

Quando se trata dos dois tipos de estimulantes, a diferença é que os medicamentos do tipo metilfenidato elevam um pouco mais o nível de dopamina do que de NE. Nos medicamentos do tipo da anfetamina, acontece o contrário. As anfetaminas têm um efeito maior sobre a NE do que sobre a dopamina, embora a diferença seja pequena.

Os pesquisadores também encontraram uma pequena diferença de eficácia desses tipos de medicamento com base na idade. Em crianças e adolescentes, verificou-se que os metilfenidatos são um pouco mais efetivos, ao passo que, em adultos, por uma diferença mínima, as anfetaminas têm melhor resultado. E praticamente todos os medicamentos testados foram bem menos tolerados do que os placebos, mas isso já era de esperar.

MEDICAMENTOS SIMILARES A ESTIMULANTES

Como diz o nome, os medicamentos similares a estimulantes agem como estimulantes por elevarem o nível de dopamina e norepinefrina, mas atuam de maneira muito diferente. Com nomes comerciais como cloridrato de bupropiona, atomoxetina e desipramina, esses medicamentos foram desenvolvidos como antidepressivos, mas logo encontraram seu nicho no mundo do TDAH. De ação mais prolongada que os estimulantes, podem ser usados de manhã ou à noite e, por não viciarem, são uma boa opção para os que correm o risco de desenvolver dependência química. Também são uma alternativa para os que apresentam efeitos colaterais com os estimulantes. Quando dão certo, como acontece com determinado segmento da população com TDAH (a qual não pode ser prevista), funcionam lindamente. O lado ruim é que, em termos clínicos, não se mostraram tão eficazes quanto os estimulantes para a maioria. Além disso, esses medicamentos têm ação mais lenta, e podem ser necessárias algumas semanas para se chegar ao pico de eficácia. Ademais, eles podem causar efeitos adversos comuns, como insônia, agitação, boca seca, náuseas, dor de cabeça, constipação intestinal e, no caso da desipramina, arritmia cardíaca.

Outro medicamento similar a estimulantes, a modafinila (nome comercial Stavigile) estimula tanto a dopamina quanto os receptores de histamina, que nos deixam despertos e atentos. Projetado originalmente para tratar a narcolepsia e popular entre profissionais que dão plantão à noite, como enfermeiros e pilotos, também traz benefícios para alguns pacientes com TDAH. Os pontos positivos incluem sua ação muito suave durante 8 ou 12 horas, com efeitos colaterais mínimos.

Lançada em 1966 como agente antiviral, a amantadina é outro medicamento similar a estimulantes que vale a pena mencionar. A princípio também foi usada para reduzir os sintomas da doença de Parkinson, como tremores, rigidez e dificuldade de atenção. A amantadina atua sobre o sistema da dopamina e age como um substituto fraco. Ela também estimula outro neurotransmissor que aumenta a concentração real de dopamina. Recentemente, foi usada, com algum efeito positivo, para tratar a dificuldade de atenção causada pela doença de Alzheimer, por traumatismos cranianos e por TDAH. Entre seus pontos positivos destaca-se o efeito suave de até 24 horas, com poucos efeitos colaterais. Além disso, não causa dependência nem é de receita controlada.

MEDICAMENTOS ATÍPICOS

Há alguns medicamentos atípicos, que não se encaixam nem na categoria de estimulantes nem na de similares a estimulantes. Dentre eles estão a clonidina e sua irmã guanfacina, vendidas e promovidas em forma de ação prolongada. As duas são medicamentos antigos para pressão arterial, muito úteis sós ou combinadas com estimulantes. Seu efeito principal é acalmar a agitação, a agressão e a hipersensibilidade emocional, além de melhorar a atenção e a concentração.

Uma das razões para esses medicamentos atípicos ganharem importância é a recém-conhecida *disforia sensível à rejeição*, ou DSR. Ela descreve a extrema dor emocional, real ou imaginária, que sente alguém rejeitado, ridicularizado ou criticado por pessoas importantes em sua vida. A DSR também pode ser provocada pela sensação de ser insuficiente por não atingir seu próprio alto padrão ou por não atender à expectativa alheia.

Muitas vezes, a sensibilidade à rejeição faz parte do TDAH. Como discutido no Capítulo 1, quem tem TDAH tende a remoer as "desfeitas" da vida normal, amplificando seu efeito. Muitas vezes, a pessoa com DSR e TDAH é hipervigilante e tenta a todo custo diminuir esses sentimentos, o que pode causar a leitura errônea de dicas alheias ou levar a pessoa a se afastar de todos para evitar as desfeitas previstas. A DSR também causa explosões agressivas e ataques de raiva quando a pessoa tenta combater ameaças imaginárias.

William Dodson, psiquiatra que vem abrindo caminho no entendimento da prevalência desse transtorno, diz que os pacientes já sentem alívio só de saberem que a condição tem nome. Seja a DSR isolada, seja a DSR que coexiste com o TDAH, faz diferença para as pessoas saber que não estão sozinhas. Ao dar nome ao que sentem, elas podem tentar ativamente controlar os sintomas e sair da espiral descendente do desespero. Para os profundamente afetados pela DSR, cerca de um terço das pessoas melhora com a combinação de clonidina e guanfacina. Embora não haja risco de abuso, esses medicamentos podem baixar de forma significativa a pressão arterial do paciente, por isso sua interrupção deve ser feita de modo gradual para não provocar elevação significativa da pressão arterial e aceleração da frequência cardíaca.

Já faz mais de quatro décadas que entramos nesse campo e, embora nesse meio-tempo não tenha havido muitas mudanças radicais na medicação para o TDAH, a situação melhorou bastante com os estimulantes de "ação prolongada". Antes, os medicamentos para TDAH agiam em média por quatro horas. Agora, as versões de ação prolongada ajudam os pacientes a ficarem até 12 horas relativamente sem sintomas. Um estudo de 2006 mostrou que, embora entre 40% e 50% dos usuários de medicação de ação curta estivessem satisfeitos com o tratamento, esse número subiu para 70% entre os que tomavam os produtos com ação prolongada. Considerando que nós que temos TDAH sentimos muita dificuldade de nos lembrarmos de tomar comprimidos várias vezes ao dia, é fácil ver por que os estimulantes de ação prolongada se tornaram rapidamente o padrão de tratamento.

Um medicamento de ação prolongada relativamente novo e bem diferente no mercado americano é a atomoxetina (vendido no Brasil com o nome de Venvanse). Trata-se de um estimulante que não pode ser usado de maneira abusiva (ou seja, não pode ser cheirado nem injetado). Ele é absorvido pelo intestino, logo tem um efeito mais duradouro: em média, é eficaz, de forma concentrada, por cerca de 10 horas, embora prometa eficácia durante 12 a 16 horas. Em razão dessa propriedade de ação prolongada e por ser completamente solúvel – logo, fácil de ministrar sob a forma de bebida a crianças que não gostam de comprimidos –, tornou-se um dos fármacos mais populares do mercado.

Existe também um medicamento ainda mais novo no mercado americano, com ação prolongada e novo sistema de liberação: uma combinação de anfetamina e dextroanfetamina denominada Mydayis (um nome sugestivo que, em português, seria "meudiaé"). Lançado em 2017, esse comprimido se gaba de um ciclo de 16 horas, ativado no organismo em três etapas: manhã, tarde e noite.

Os medicamentos de ação prolongada são muito populares, mas é aconselhável começar o tratamento com os estimulantes de ação curta, até que se comprove que a substância é bem tolerada.

VÍCIO E ABUSO

Tomar um medicamento estimulante ou similar a estimulantes no início da vida ajuda a *prevenir*, e não a promover, vícios. Como *80% dos vícios* começam entre os 13 e os 23 anos, as pessoas com TDAH são muito mais propensas a desenvolver dependência do que a população em geral. Então, como tomar medicamentos estimulantes *reduz* o risco de dependência mais tarde, faz muito sentido começar a dá-lo à criança antes dos 13 anos.

Dá para entender por que a dependência e o abuso estão entre as principais razões dos que relutam em medicar o TDAH, e a preocupação é válida. Na verdade, os medicamentos para o transtorno estão entre as principais substâncias usadas por parte de alunos do ensino médio e superior. No entanto, é importante notar que os medicamentos estimulantes para o TDAH vêm sendo usados de forma inadequada sobretudo por quem não recebeu o diagnóstico. São pessoas "neurotípicas" que tomam a medicação para ficar acordadas para estudar ou que os misturam com outras drogas recreativas, como álcool e maconha, a fim de intensificar sua ação, entre outros motivos que só adolescentes conseguem imaginar.

É menos comum que pessoas com TDAH tomem de propósito uma superdosagem da medicação. Estudos de longo prazo constataram que quem tem o transtorno e obtém sucesso no tratamento com estimulantes se vicia muito menos em drogas do que a população em geral e, com certeza, se vicia menos do que a população que tem TDAH e não toma estimulantes.

Por outro lado, adolescentes com TDAH não tratado têm a probabilidade de 5 a 10 vezes maior de se viciarem em drogas. A história de que as pessoas procuram psiquiatras para obterem a dose máxima e o maior número de comprimidos é um mito. Na verdade, um dos maiores problemas que enfrentamos é os pacientes não tomarem a dose total receitada no mês. Desse modo, nosso maior trabalho é manter o paciente fazendo uso do remédio, e não garantir que ele não tome uma superdosagem de medicamentos fortíssimos. Quanto à suspensão do medicamento estimulante, ela pode causar sintomas leves de abstinência. Estes ocorrem pela noite e podem ser tão leves a ponto de nem sequer serem notados, ou podem causar cansaço, ansiedade e agressividade crescentes, bem como várias outras manifestações. Assim chegamos à discussão dos efeitos colaterais comuns.

EFEITOS COLATERAIS

Alguns efeitos colaterais muito frequentes associados à medicação para TDAH são irritabilidade, boca seca, problemas de sono, dor de cabeça e redução do apetite. Com o tempo, pode haver aumento (mínimo) da frequência cardíaca e da pressão arterial, por isso há quem tema impactos no coração a longo prazo. Estudos recentes mostraram que essa chance é mínima ou inexistente, mas sempre se deve ficar alerta quando se faz uso de medicação. Por isso, é importantíssimo ser monitorado de perto por um médico quando tomamos medicamentos receitados, ainda mais no começo.

Por fim, mas não menos importante, há outra feliz consequência do tratamento medicamentoso do TDAH: o diagnóstico e o tratamento corretos, além de controlarem o transtorno, protegem de problemas secundários como a ansiedade e/ou a depressão.

EXAMES GENÉTICOS PARA A ESCOLHA DA MEDICAÇÃO

Os testes genéticos trouxeram um resultado espetacular para o tratamento do câncer, com a descoberta de biomarcadores e o desenvolvimento de planos de tratamento baseados no perfil dos genes dos pacientes. Naturalmente, os pesquisadores começaram a considerar esses exames genéticos também para as doenças neurológicas e psiquiátricas. Na verdade, já faz algum tempo que nós, médicos, podemos enviar amostras de DNA de nossos pacientes – saliva, sangue, pele e até cabelo – para empresas de análise genética.

A expectativa, tanto de médicos quanto de pacientes, era de que essa análise revelasse qual substância ou medicamento usar, porém, em conversa com os melhores especialistas que conhecemos, o veredito tem sido "é promissor, mas ainda não chegamos lá". É por esse motivo que não solicitamos exames genéticos de rotina para determinar a escolha da medicação, a menos que o paciente insista. Sem dúvida, mal não faz, a não ser o custo, que pode chegar a 2 mil dólares dependendo do exame, da empresa e da extensão da cobertura do seguro de saúde.

Esses testes não dirão nem a você nem a seu médico qual é exatamente o melhor remédio. E é a esse "ponto" que gostaríamos de ter chegado. Entretanto, tais exames genéticos podem oferecer informações valiosíssimas sobre a rapidez com que você metaboliza determinada substância, o que é de grande ajuda para se definir a dosagem e, em alguns casos, impedir tragédias – como no caso de ausência inata de enzimas, por exemplo.

Em nossas buscas, encontramos uma empresa de Chicago de que gostamos muito, a Tempus.* Seu proprietário a fundou em 2015, após ter ficado abismado com a falta de dados genéticos que pudessem ser aproveitados para se determinar o plano de tratamento de câncer de sua esposa. Assim, para mudar esse cenário, ele abriu seu negócio. Três anos depois de ser inaugurada, a Tempus foi além dos exames para câncer e começou a se dedicar à psiquiatria.

Para se ter uma ideia, a maioria das empresas oferece o chamado "sequenciamento em painel", que verifica de 12 a 15 genes e os correlaciona com medicamentos que podem ser receitados. A Tempus, por sua vez, se destaca por usar o chamado "sequenciamento completo do exoma". O filamento de DNA contém *éxons*, que são locais de codificação – os locais que ditam a ação – e *íntrons*, cuja função ainda é discutida. Atualmente o íntron parece um espectador, mas, considerando que a natureza raramente cria espectadores, provavelmente uma função essencial será descoberta. Quanto aos éxons, sabemos de sua grande importância. Eles, em conjunto, formam o *exoma*.

O exame completo do exoma é importante porque, quando

---

* O Dr. Hallowell e o Dr. Ratey não receberam nenhuma remuneração da Tempus, nem mesmo um almoço!

compilado (junto com o histórico pessoal e familiar do paciente, que a Tempus também registra), podem surgir biomarcadores no que antes parecia um vasto campo de dados irrelevantes. Assim, a Tempus pretende coletar e testar tudo. Com esse sequenciamento completo, a empresa, além de lançar bases para novas descobertas, dá ao médico e ao paciente mais informações em que trabalhar.

Quanto ao custo, você deve estar pensando que é mais alto, já que obtemos mais informações. Não é bem assim. A Tempus busca reembolso das seguradoras de saúde e oferece um programa robusto de assistência financeira para evitar custos indevidos para os pacientes. A maioria dos candidatos desembolsa no máximo 100 dólares pelo exame. Assim, quando você sabe que vai pagar no máximo esse valor, sem contar a possibilidade de nem precisar pagar nada, praticamente não há o risco de dano financeiro antes associado ao exame.

Parece que chegou a hora de pelo menos considerarmos o uso rotineiro de exames genéticos para receitar medicamentos.

ARSENAL MÉDICO EM RESUMO

Veja a seguir uma tabela com os principais medicamentos disponíveis no Brasil para tratar o TDAH.

Medicamentos para TDAH no mercado brasileiro

MEDICAMENTO	FORMULAÇÃO	COMPOSIÇÃO	DURAÇÃO	CONSIDERAÇÕES SOBRE A DOSAGEM
METILFENIDATO				
Concerta®	Comprimido de liberação prolongada, com 18 mg, 36 mg ou 54 mg	Comprimido com tecnologia de bomba osmótica OROS; liberação bifásica com pico inicial em 1 hora (22% da dose) e 78% de liberação gradual durante 9 horas. A versão da Patriot é a única autorizada para substituir a marca comercial na farmácia	12 horas	Deve ser engolido inteiro; o revestimento não absorvível pode aparecer nas fezes
Methylphenidate HCl	Comprimido com 10 mg	Cloridrato de metilfenidato	3 a 4 horas	Comprimido mastigável sabor uva
Ritalina®	Comprimido de 10 mg. Uso oral. Uso adulto e pediátrico acima de 6 anos.	Cloridrato de metilfenidato	3 a 4 horas	Iniciar ou interromper seu uso abruptamente aumenta o número e a gravidade dos efeitos colaterais
Ritalina LA®	Cápsulas de 10 mg, 18 mg, 25 mg, 40 mg, 60 mg e 80 mg. Uso oral. Uso adulto e pediátrico acima de 6 anos.	Cápsula com tecnologia SODAS (sistema de absorção oral esferoidal de medicamento); 50% em grânulos de liberação imediata e 50% com liberação prolongada (2º pico 4 horas depois)*	8 a 12 horas	A cápsula pode ser aberta e o conteúdo ingerido com suco de maçã

* Ministrar com refeição rica em gorduras afeta a taxa de absorção de alguns medicamentos, mas não tem efeito significativo sobre a quantidade total do fármaco que é absorvida.

LISDEXANFETAMINA

Venvanse®	Cápsulas duras com 30 mg, 50 mg ou 70 mg. Uso oral. Uso adulto e pediátrico acima de 6 anos.	Dismesilato de lisdexanfetamina; pico de ação em 3,5 horas*	10 a 13 horas	

ATOMOXETINA

Atentah®	Cápsulas de 10 mg, 18 mg, 25 mg, 40 mg, 60 mg e 80 mg. Uso oral. Uso adulto e pediátrico acima de 6 anos.	Pode ser administrado com ou sem alimentos. As cápsulas devem ser ingeridas inteiras com algum líquido e não devem ser abertas, divididas, trituradas, mastigadas ou dissolvidas.	24 horas	Inibidor seletivo da norepinefrina. Começa a fazer efeito em poucos dias a uma semana, mas pode levar várias semanas para chegar ao efeito pleno. Engolir a cápsula inteira, porque o pó é irritativo. A dose é comumente dividida em duas para reduzir os efeitos colaterais

CLONIDINA

Atensina®	Comprimidos de 0,100 mg, 0,150 mg e 0,200 mg. Uso oral. Uso adulto.	Cloridrato de clonidina	24 horas	Engolir o comprimido inteiro

---

* Ministrar com refeição rica em gorduras afeta a taxa de absorção de alguns medicamentos, mas não tem efeito significativo sobre a quantidade total do fármaco que é absorvida.

CAPÍTULO 9

Como juntar tudo: encontre seu jeito e o transforme em realidade

Se você tem TDAH, TEAV, uma mente que é um carro de corrida com freios de bicicleta ou qualquer que seja o nome que você dá a esse tipo de cérebro abençoado e amaldiçoado, é possível que tenha chegado a esta página sem ter lido o livro inteiro. Tudo bem, é claro que entendemos. Sabemos bem que pessoas como nós tendem a pular para o fim da história e que gostamos de pôr a carro na frente dos bois.

Então vamos resumir rapidamente: esse carro trouxe várias histórias, explicações, sugestões e achados da ciência para transformar nosso tipo de cérebro em um patrimônio extraordinário e evitar que ele siga o caminho da terrível maldição que de vez em quando nos assola. É tanta dor e vergonha que o TDAH e o TEAV trouxeram a tanta gente que não merece que usamos com entusiasmo nosso conhecimento e fazemos todo o possível para acabar com esses sentimentos ruins.

Por um longo tempo, o TDAH foi totalmente incompreendido. Trágica e terrivelmente incompreendido. Isso fez com que crianças inocentes fossem sádica e sistematicamente punidas pelo que não podiam controlar, bem como desperdiçou em massa o talento de gerações de adultos. Por tempo demais foi considerado normal chamar quem tem TDAH de parvo, palerma e idiota. Com base no QI, esses termos eram inclusive usados em diagnósticos de livros de medicina até a década de 1960. Quem não gostaria de pular para o fim *disso*?

Mas por que você escolheu este livro? O que procurava? Esperava um final feliz?

Se for isso, você veio ao lugar certo! Podemos lhe dar esse final feliz. Não um final, na verdade, mas uma demarcação, porque finalmente estamos acertando em alguns lugares, na maioria das vezes. Finalmente, o mundo está entendendo que nosso problema não é preguiça, desrespeito nem comodismo. Nada disso. Nosso funcionamento neural tem uma diferença leve, mas significativa, em relação ao da população "neurotípica". Às vezes, existe um defeito na conexão entre a rede positiva de tarefas e a rede de modo padrão do cérebro. E em geral o cerebelo, outra área do cérebro, está um pouco desequilibrado e precisa de reforço. Em outras palavras, a ciência vem provando que não queremos ser difíceis, mas que realmente temos dificuldades internas. Também sabemos que a conexão com os outros, a identificação de nossos pontos fortes e o foco neles e não nos pontos fracos, bem como a criação de sistemas que estruturem nosso ambiente, a atividade física e a medicação, ajudam muito a lidar com esses defeitos e desequilíbrios.

A outra coisa que o mundo começa a enxergar é o enorme potencial – criatividade, espírito empreendedor, energia – das pessoas nessa condição. Todo dia, vemos as realizações extraordinárias de pessoas com TDAH no consultório. E, como escritores e clínicos de sucesso com TDAH, também as percebemos em nós mesmos!

Está na hora de todos nos unirmos e aplicarmos o que sabemos para que as portas da oportunidade, da criatividade e da compreensão se abram para as pessoas de todas as idades com TDAH. Escrevemos este livro para lhe mostrar onde encontrar a chave dessas portas.

Embora cada capítulo do livro destaque um achado, uma estratégia ou um tratamento que se encaixam em nosso quebra-cabeça do TDAH, sabemos que, em última análise, você terá que montar as peças de um jeito só seu. Se você joga golfe (ou mesmo se não), pense nesta conversa entre o Dr. Hallowell e seu cunhado Chris, que é profissional desse esporte. Ela traz nas entrelinhas um ótimo conselho, que vamos explicar para que você, além de sobreviver, *prospere* com o TDAH.

CHRIS, calmamente: Ned, você só precisa encontrar seu jeito e torná-lo real. Lembre-se: o segredo de acertar é não se importar em fazer a bola entrar no buraco.

DR. HALLOWELL (conhecido como Ned), gaguejando e incrédulo: Mas, Chris, estou *rezando* para a bola entrar no buraco. Como é que eu *conseguiria* não me importar?

CHRIS, sempre sábio como Yoda: Você jogará melhor quando aprender a não se importar.

Em essência, esse é o conselho oferecido por este livro inteiro. Queremos ajudar você a encontrar seu jeito e a torná-lo real. E queremos que não caia na armadilha sucesso/fracasso que impede tanta gente de alcançar a felicidade.

Assim como cada um tem seu estilo de jogar golfe, um jeito próprio e único nessa arte diabólica, cada um de nós tem seu estilo próprio de levar a vida, nosso jeito de fazer tudo o que fazemos. Observe seu estilo, seu jeito. É realmente seu ou você está imitando alguém? Em parte, quase tudo o que fazemos é imitação, mas o que torna cada um de nós único é o que acrescentamos por conta própria para criar individualidade, como se fosse um tempero especial, nosso estilo. Ou, como escreveu o Dr. Hallowell: "Nenhum cérebro é igual, nenhum cérebro é melhor, cada cérebro tem seu jeito especial."

Trouxemos neste livro as técnicas que consideramos melhores e que todas as pessoas com TDAH podem usar. Porém, quer você as use, quer não, é preciso personalizá-las. Encontre *seu* jeito. Afinal, o que alguém acha certo não será necessariamente certo para você.

Sob o risco de excluir quem nunca praticou golfe, vamos explicar melhor a metáfora do jogo. Se você não joga, você perdeu o prazer da sensação de dar uma tacada perfeita. É o seguinte: você anda até a bola, adota sua postura e balança o taco. Quando tudo dá certo, você nem o sente atingir a bola. Só gira e, substituindo a força bruta pelo torque lindamente equilibrado (quando realizado do jeito certo), você faz a bolinha voar. Logo ela se torna um pontinho que some, uma estrela cadente, contra o céu azul ou nublado.

Terminada a tacada, concluída a parte mecânica de seu desempenho, você acompanha a bola com orgulho crescente, enquanto ela faz o que você esperava que fizesse, o que sonha que fará sempre que se imagina jogando golfe. Seu coração se enche de alegria com a tacada perfeita, com a vitória sobre o golfe no próprio campo dele e, ainda por cima, a entropia, com o predomínio sobre o zilhão de fatores que poderiam dar errado e transformar a tacada num fiasco.

Só que nada de fiasco dessa vez. Dessa vez você acertou. Foi na mosca. Dessa vez você conquistou o jeito que busca sempre, mas raramente encontra: a sensação de vencer no concurso que faz tudo dar errado, a sensação de dominar um inimigo que, você sabe, provavelmente revidará com mais força. Porém, dessa vez, dessa bela e única vez, você derrotou aquele inimigo com um voo glorioso e cheio de graça.

Tudo bem, amigo, diz você a si mesmo, *faça outra vez.* Ah, essas palavras são um escárnio eterno. *Faça outra vez.* Fazer outra vez com constância é o sonho que todos temos, mas poucos realizam.

É aí que entra em cena a parte sobre não se importar com a queda da bola no buraco. O conselho de Chris sobre não se importar parece contraintuitivo, mas aprendemos que é perfeito. Não significa que você seja indiferente. Significa apenas que seu foco está no momento, não no resultado.

Esperamos que você continue no jogo e se concentre no momento. Tente perceber como é boba e rasa a ênfase excessiva na vitória e como é distorcido e sem graça deixar que a derrota nos defina. Tente se lembrar de que a grande recompensa da vida, a maior alegria, é a competição em si – a tentativa de descobrir e experimentar jeitos novos. Deleite-se com o jogo. Sofra com ele. Foque nele como se sua vida dependesse disso, porque depende. Esforce-se para encontrar seu jeito e torná-lo real para sempre. Festeje a grande tacada, é claro. Nada é melhor do que ela. Mas, estranhamente, comemore o fiasco da mesma maneira. É a derrota que lhe dá vontade de tentar de novo, que faz você ter algo em vista. E, para adaptar o famoso ditado, o fiasco nos lembra o que é humano: errar.

Não existe um jeito único e certo, cada um de nós encontra o seu. Porém, é muito libertador saber que nenhum cérebro é melhor que o outro, e que é dada a cada um de nós a magnífica e vitalícia oportunidade de descobrir o jeito especial do próprio cérebro.

Agradecimentos

Esta é a parte do livro que mais gosto de escrever. Agradecer aos outros, no que os editores chamam de "seção de agradecimentos".

Assim, em primeiro lugar, quero agradecer à editora que nos publica e, mais especificamente, à nossa editora, Marnie Cochran. Dizer que ela fez de tudo na criação deste livro é subestimar demais seu papel. O original tinha 120 mil palavras, mas esta versão final conta com cerca de 46 mil. Imagine só quão talentosa é uma editora de textos capaz de fazer a cirurgia plástica e bariátrica necessária para reduzir em quase 60% o peso – ou melhor, o tamanho do texto – de um livro e deixar os autores satisfeitos! Bom, foi isso que Marnie conseguiu. Você, que está lendo, deveria lhe agradecer por poupá-lo tantas palavras desnecessárias.

Também agradeço a meu estimado agente literário James (Jim) Levine. Profissional multitalentoso, com forte intuição para livros e uma ótima equipe, ele é o responsável por agenciar meus negócios editoriais e me fazer pensar na próxima obra.

Agradeço aos milhares de pacientes que me ensinaram desde que fui pesquisador no antigo Boston City Hospital, em 1973, antes da faculdade de medicina. Os pacientes sempre foram meus melhores professores.

Agradeço aos muitos especialistas que consultamos enquanto

escrevíamos este livro e aos muitos amigos que também deram uma mãozinha. Agradeço especialmente a meu melhor amigo, Dr. Peter Metz, colega psiquiatra pediátrico a quem submeti a maioria das ideias deste livro.

E é claro que agradeço a John Ratey, que conheci em 1978, quando foi meu preceptor na residência no antigo Massachusetts Mental Health Center. Para mim, John incorporou lindamente Elvin Semrad e me pôs para acompanhar os pacientes.

Acima de tudo e sempre, agradeço a Sue, com quem estou casado há 32 anos, e a nossos filhos Lucy, Jack e Tucker. Eles acrescentam tanta luz, energia e amor à minha vida todos os dias que nunca poderei lhes agradecer o suficiente.

– Edward (Ned) Hallowell

Também tenho prazer em agradecer às pessoas que foram essenciais para este livro começar e terminar. Meu grato reconhecimento à nossa editora, Marnie Cochran, que fez muito para deixar o livro neste formato. Ela foi incansável e minuciosa ao juntar nossos pensamentos e concentrar nossa energia.

Também tenho uma dívida profunda com Ned Hallowell, meu aluno, agora professor e valioso amigo durante tantos anos. Graças a ele, aceitei o desafio de escrever mais uma obra em parceria e, mais uma vez, ele redigiu nossas ideias para nos trazer esta mais recente publicação.

Obrigado também a meus mentores do passado, George Vaillant, Allan Hobson e Richard Shader, que não se incomodaram com meu entusiasmo advindo do TDAH, e sim me incentivaram e me guiaram para "ir com tudo". A meu sócio e amigo maravilhoso Ben Lopez, que me ensinou a ir além. Como sempre, também sou eternamente grato a meus pacientes de todos esses anos, que dividiram comigo sua vida e tanto me ensinaram.

Finalmente, manifesto minha gratidão à minha esposa Alicia Ulrich, parceira nas entrevistas e nas minhas ideias com relação à minha parte do texto original, além de ser uma caixa de ressonância franca e verdadeira. É o seu amor e o de minhas filhas, Jessie e Kathryn, e dos netos, Gracie e Callum, que dão valor a tudo o que faço.

– JOHN RATEY

Apêndice

DEFINIÇÃO E CRITÉRIOS DE TDAH NO MANUAL DIAGNÓSTICO E ESTATÍSTICO DE TRANSTORNOS MENTAIS – DSM-5 (RESUMO)

As pessoas com TDAH apresentam um padrão persistente de desatenção e/ou hiperatividade-impulsividade que interfere no funcionamento e no desenvolvimento, conforme caracterizado por (1) e/ou (2):

1. Desatenção: seis ou mais sintomas de desatenção em crianças e adolescentes até 16 anos, ou cinco ou mais em adolescentes de 17 anos ou mais e adultos; sintomas de desatenção presentes há pelo menos seis meses, inadequados para o nível de desenvolvimento:

    ☐ Frequentemente não presta atenção em detalhes ou comete erros por descuido na escola, no trabalho e em outras atividades.
    ☐ Frequentemente tem dificuldade de manter a atenção em tarefas ou brincadeiras.

- [ ] Frequentemente parece não escutar quando lhe dirigem a palavra de maneira direta.
- [ ] Frequentemente não segue instruções e não conclui deveres escolares, tarefas e responsabilidades no local de trabalho (ou seja, perde o foco, se distrai).
- [ ] Frequentemente tem dificuldade de organizar tarefas e atividades.
- [ ] Frequentemente evita, não gosta ou reluta em se envolver em tarefas que exijam esforço mental prolongado (como exercícios na escola e deveres de casa; e, para os mais velhos, relatórios e outros trabalhos que demandam paciência e foco).
- [ ] Frequentemente perde objetos necessários para as tarefas e as atividades (como material escolar, lápis, livros, ferramentas, carteira, chaves, documentos, óculos, celular).
- [ ] Frequentemente se distrai.
- [ ] Frequentemente se mostra esquecido nas atividades cotidianas.

2. Hiperatividade e impulsividade: seis ou mais sintomas de hiperatividade/impulsividade em crianças e adolescentes até 16 anos, ou cinco ou mais em adolescentes de 17 anos ou mais e adultos; sintomas de hiperatividade/impulsividade presentes há pelo menos seis meses, a ponto de ser perturbador e inadequado para o nível de desenvolvimento do indivíduo:

- [ ] Frequentemente se remexe ou batuca com as mãos e os pés ou se contorce na cadeira.
- [ ] Frequentemente sai do lugar quando se espera que permaneça sentado.

- ☐ Frequentemente corre e sobe nas coisas em situações em que não é apropriado (adolescentes ou adultos podem se limitar a se sentir irrequietos).
- ☐ Frequentemente não consegue brincar ou participar de atividades de lazer em silêncio.
- ☐ Frequentemente está "em ação", como se tivesse "o motorzinho ligado".
- ☐ Frequentemente fala em excesso.
- ☐ Frequentemente dá a resposta antes que se conclua a pergunta.
- ☐ Frequentemente tem dificuldade de esperar sua vez.
- ☐ Frequentemente interrompe ou atrapalha os outros (por exemplo, interfere em conversas ou jogos).

Além disso, é preciso atender às seguintes condições:

- ☐ Vários sintomas de desatenção ou hiperatividade/impulsividade presentes antes dos 12 anos.
- ☐ Vários sintomas presentes em dois ou mais ambientes (como lar, escola ou trabalho; com amigos ou parentes; em outras atividades).
- ☐ Indícios claros de que os sintomas atrapalham o funcionamento social, escolar ou profissional ou reduzem sua qualidade.
- ☐ Sintomas não explicados por outro transtorno mental (como transtorno de humor, transtorno de ansiedade, transtorno dissociativo ou transtorno de personalidade). Os sintomas não surgem apenas no decorrer da esquizofrenia ou de outro transtorno psicótico.

Com base no tipo de sintoma, podem ocorrer três tipos (apresentações) de TDAH:

- ☐ Apresentação combinada: quando sintomas suficientes de ambos os critérios (desatenção e hiperatividade/impulsividade) ocorrerem nos seis meses anteriores.
- ☐ Apresentação predominantemente desatenta: quando sintomas suficientes de desatenção, mas não de hiperatividade-impulsividade, ocorrerem nos seis meses anteriores.
- ☐ Apresentação predominantemente hiperativa/impulsiva: quando sintomas suficientes de hiperatividade/impulsividade, mas não de desatenção, ocorrerem nos seis meses anteriores.

Como os sintomas podem mudar com o tempo, a apresentação também pode mudar.

DIAGNÓSTICO DE TDAH EM ADULTOS

É frequente o TDAH perdurar na idade adulta. Para o diagnóstico em adultos e adolescentes com 17 anos ou mais, só cinco sintomas são necessários, em vez dos seis indicados para as crianças mais novas. As manifestações clínicas podem ser diferentes com a idade. Por exemplo, em adultos, a hiperatividade pode se apresentar como ser extremamente inquieto ou cansar os outros com sua atividade.

Leitura sugerida

PARA CRIANÇAS QUE TÊM TDAH

DENDY, Chris A. Zeigler; ZEIGLER, Alex. *A Bird's-Eye View of Life with ADD and ADHD: Advice from Young Survivors.* Cedar Bluff, Alabama: Cherish the Children, 2003. (Escrito para adolescentes por 12 adolescentes e um adulto jovem.)

HALLOWELL, Edward M. *A Walk in the Rain with a Brain.* Nova York: Regan Books/HarperCollins, 2004. História ilustrada para crianças de 4 a 12 anos. A moral é que as palavras "esperto" e "burro" pouco significam, porque o importante é encontrar o que você ama fazer. Como diz o cérebro de Manfred na história: "Nenhum cérebro é igual, nenhum cérebro é melhor; cada cérebro tem seu jeito especial."

LOWRY, Mark; BOLTON, Martha. *Piper's Night before Christmas.* West Monroe, Louisiana: Howard Publishing, 1998. É o primeiro de uma série de quatro livros, entre os quais se incluem *Nighttime Is Just Daytime with Your Eyes Closed* (1999), *Piper Steals the Show* (2000) e *Piper's Twisted Tale* (2001). Por ter crescido com TDAH, Mark Lowry logo se identifica com o personagem do livro: Piper, o camundongo hiperativo. Mark é um artista multitalentoso: comediante, cantor, compositor e coautor desses livros infantis. Cada livro vem com um CD em que Mark narra a história.

MOONEY, Jonathan; COLE, David. *Learning Outside the Lines*. Nova York: Touchstone, 2000. Dois alunos de universidades importantes, com deficiência de aprendizagem e TDAH, transmitem as ferramentas do sucesso acadêmico e da revolução educacional.

MOSS, Deborah. *Shelley, the Hyperactive Turtle*. Bethesda, Maryland: Woodbine House, 1989. História deliciosa de uma jovem tartaruga inteligente que não é como as outras. Shelley anda como um foguete e não consegue ficar parada nem por pouco tempo.

PARA PAIS CUJOS FILHOS TÊM TDAH

BARKLEY, Russell A., Ph.D. *Taking Charge of ADHD: The Complete, Authoritative Guide for Parents*. Nova York: Guilford Press, 2000. Um recurso para pais com as informações mais atuais sobre o TDAH e seu tratamento.

BRAATEN, Ellen; WILLOUGHBY, Brian. *Bright Kids Who Can't Keep up*. Nova York: Guilford Press, 2014. Cheio de histórias e exemplos emocionantes de crianças e adolescentes com dificuldades numa área do funcionamento cognitivo chamada "velocidade de processamento". Essa obra fundamental desmistifica a velocidade de processamento e ensina como ajudar crianças de 5 a 18 anos a acompanhar outras nessa importante área do desenvolvimento.

BROOKS, Robert, Ph.D.; GOLDSTEIN, Sam, Ph.D. *Criando filhos seguros e confiantes*. São Paulo: Mbooks, 2004. Este livro explica como ajudar as crianças a se fortalecerem mental e emocionalmente para enfrentarem os desafios da vida moderna.

FLINK, David. *Thinking Differently*. Nova York: HarperCollins, 2014. Guia inovador e abrangente, o pioneiro, que ajuda pais a entenderem e aceitarem as deficiências de aprendizagem dos filhos e oferece dicas e estratégicas para se defenderem e ajudarem os filhos a se tornarem seus melhores defensores.

GALINSKY, Ellen. *Mind in the Making: The Seven Essential Life Skills Every Child Needs*. Nova York: HarperStudio, 2010. Este livro traz orientações inovadoras com base na pesquisa mais recente sobre desenvolvimento infantil.

GOLDRICH, Cindy. *Eight Keys to Parenting Children with ADHD*. Nova York: W. W. Norton, 2015. Baseado na oficina de sete sessões da autora, intitulada "Calm and Connected: Parenting Kids with ADHD" (Calmos e concentrados: como criar filhos com TDAH), o livro foca no desenvolvimento e no reforço de habilidades interpessoais eficazes, tanto de pais quanto de filhos, para resolver conflitos.

GREENE, Ross, Ph.D. *A criança explosiva: uma nova abordagem para compreender e educar crianças cronicamente inflexíveis e que se frustram facilmente*. São Paulo: Integrare, 2007. Abordagem prática para tratar crianças explosivas. O Dr. Greene explica que as dificuldades dessas crianças vêm de seu déficit cerebral em ser flexível e em lidar com frustrações.

HALLOWELL, Edward M., M.D. *The Childhood Roots of Adult Happiness*. Nova York: Ballantine, 2003. Guia sucinto e prático de parentalidade, baseado em evidências, para pais maximizarem a probabilidade de seus filhos se tornarem adultos felizes e bem-sucedidos, tendo ou não TDAH.

HALLOWELL, Edward M., M.D.; JENSEN, Peter. *Superparenting for ADD: An Innovative Approach to Raising Your Distracted Child*. Nova York: Ballantine, 2008. Mostra como revelar os dons maravilhosos e surpreendentes do TDAH e transformar a chamada incapacidade vitalícia em bênção vitalícia.

JENSEN, Peter S., M.D. *Making the System Work for Your Child with ADHD*. Nova York: Guilford Press, 2004.

KENNEY, Lynne; YOUNG, Wendy. *Bloom: 50 Things to Say, Think, and Do with Anxious, Angry, and Over-the-Top-Kids*. Boca Raton, Flórida: HCI Press, 2015. Escrito para pais com filhos ansiosos, irritados e exagerados, *Bloom* é uma abordagem da parentalidade com base no cérebro.

KRAUSS, Elaine; DEMPSTER, Diane. *Parenting ADHD Now! Easy Intervention Strategies to Empower Kids with ADHD*. Nova York: Althea Press, 2016. Esse livro é cheio de dicas e truques úteis, práticos e da vida real que ajudam a criar filhos com TDAH.

MORIN, Amanda. *The Everything Parent's Guide to Special Education: A Complete Step-by-Step Guide to Advocating for Your Child with Special Needs*. Avon, Massachusetts: Adams Media, 2014. Esse valioso manual traz as ferramentas necessárias para entender o mundo complexo dos serviços de educação especial.

MORIN, Amanda. *The Everything Kids' Learning Activities Book: 145 Entertaining Activities and Learning Games for Kids*. Avon, Massachusetts: Adams Media, 2013.

SILVER, Larry, M.D. *Dr. Larry Silver's Advice to Parents on ADHD*. Nova York: Three Rivers Press, 1999. Esse livro aborda os temas que todos os pais se perguntam quando desconfiam que os filhos têm TDAH: causas, sintomas em que prestar atenção, obtenção do diagnóstico preciso, informações mais recentes sobre medicação e outros tratamentos.

VOLPITTA, Donna M.; HABER, Joel David, Ph.D. *The Resilience Formula: A Guide to Proactive, Not Reactive, Parenting*. Chester, Pensilvânia: Widener, 2012. A Fórmula da Resiliência é um plano proativo de criação de filhos, que visa ensinar resiliência às crianças por meio de desafios cotidianos.

WILENS, Timothy E., M.D. *Straight Talk about Psychiatric Medications for Kids*. 4. ed. Nova York: Guilford Press, 2016. Com numerosos exemplos da vida real, respostas a perguntas frequentes e tabelas e gráficos úteis, o Dr. Timothy Wilens, médico e pesquisador da Universidade de Harvard, explica quais medicamentos podem ser receitados para crianças e por quê.

PARA ADULTOS COM TDAH

BARKLEY, Russell A., Ph.D. *Transtorno de déficit de atenção/hiperatividade: manual para diagnóstico e tratamento*. Porto Alegre: Artmed, 2008.

BARKLEY, Russell A., Ph.D.; BENTON, C. M. *Vencendo o TDAH adulto: transtorno de déficit de atenção/hiperatividade*. Porto Alegre: Artmed, 2011.

HALLOWELL, Edward M., M.D.; HALLOWELL, Sue; ORLOV, Melissa. *Married to Distraction: How to Restore Intimacy and Strengthen Your Partnership in an Age of Interruption*. Nova York: Ballantine, 2010.

HARTMANN, Thom. *Attention Deficit Disorder: A Different*

Perception. Nevada City, Califórnia: Underwood Books, 1997. Thom Hartmann mostra algumas características positivas às vezes associadas ao TDAH e dá uma explicação do transtorno que pode ajudar os adultos em casa, no trabalho e na escola.

KELLY, Kate; RAMUNDO, Peggy. *You Mean I'm Not Lazy, Stupid, or Crazy?! A Self-Help Book for Adults with Attention Deficit Disorder.* Nova York: Scribner, 1996.

KOLBERG, Judith; NADEAU, Kathleen, Ph.D. *ADD-Friendly Ways to Organize Your Life.* East Sussex, Reino Unido: Brunner-Routledge, 2002. Esta obra reúne a melhor compreensão do transtorno com as soluções mais práticas e eficazes oferecidas por especialistas em TDAH de dois campos importantes: organização profissional e psicologia clínica.

NOVOTNI, Michele, Ph.D. *What Does Everybody Else Know That I Don't? Social Skills Help for Adults with Attention Deficit/Hyperactivity Disorder (AD/HD).* Forest Lake, Minnesota: Specialty Press, 1999. Traz auxílio em habilidades sociais para adultos com TDAH.

SOLDEN, Sari, M.S., LMFT. *Women with Attention Deficit Disorder.* 2. ed. Ann Arbor: Introspect Press, 2012. Sari Solden combina histórias da vida real, experiências de tratamento e pesquisas clínicas recentes para destacar os desafios especiais enfrentados por mulheres com transtorno do déficit de atenção.

SOLDEN, Sari, M.S., LMFT. *Journeys through ADDulthood.* Londres: Walker, 2002. Oferece um tesouro de sabedoria, conselhos sensatos, experiências tranquilizadoras e esperança para os adultos com TDAH.

LIVROS GERAIS SOBRE TDAH

BROWN, T. E. *Transtorno de déficit de atenção: a mente desfocada em crianças e adultos*. Porto Alegre: Artmed, 2007.

BROWN, T. E. *Smart but Stuck: Emotions in Teens and Adults with ADHD*. Hoboken, Nova Jersey: Jossey-Bass/Wiley, 2014.

CORMAN, C. A.; HALLOWELL, Edward M., M.D. *Positively ADD: Real Success Stories to Inspire Your Dreams*. Londres: Walker, 2006.

DAWSON, P.; GUARE, R. *Smart but Scattered: The Revolutionary "Executive Skills" to Helping Kids Reach Their Potential*. Nova York: Guilford Press, 2009.

DENDY, Chris A. Zeigler. *Teenagers with ADD: A Parents' Guide*. Bethesda, Maryland: Woodbine House, 1995.

GALLAGHER, R.; ABIKOFF, H. B; SPIRA, E. G. *Organizational Skills Training for Children with ADHD: An Empirically Supported Treatment*. Nova York: Guilford Press, 2014.

HALLOWELL, Edward M., M.D.; RATEY, John J., M.D. *Tendência à distração: identificação e gerência do distúrbio do déficit de atenção (DDA) da infância à vida adulta*. Rio de Janeiro: Rocco, 1999.

HALLOWELL, Edward M., M.D.; RATEY, John J., M.D. *Answers to Distraction*. Nova York: Bantam, 1996.

HALLOWELL, Edward M., M.D.; RATEY, John J., M.D. *Delivered from Distraction*. Nova York: Ballantine, 2005.

HINSHAW, S. P.; ELLISON, K. *ADHD: What Everyone Needs to Know*. Nova York: Oxford University Press, 2015.

HINSHAW, S. P.; SCHEFFLER, R. M. *The ADHD Explosion: Myths, Medication, Money, and Today's Push for Performance*. Nova York: Oxford University Press, 2014.

JENSEN, Peter S., M.D.; COOPER, James R., M.D. (Orgs.). *Attention Deficit Hyperactivity Disorder: State of the Science, Best Practices*. Kingston, Nova Jersey: Civic Research Institute, 2002. Esta é a obra acadêmica mais abrangente e abalizada sobre o tema disponível hoje. Jensen e Cooper reúnem vários pontos de vista nesse grande livro de referência.

KAUFMAN, C. *Executive Function in the Classroom*. Baltimore: Brookes Publishing, 2010.

KOHLBERG, J.; NADEAU, K. *ADD-Friendly Ways to Organize Your Life*. East Sussex, Reino Unido: Brunner-Routledge, 2002.

LAVOIE, Richard. *It's So Much Work to Be Your Friend: Helping the Child with Learning Disabilities Find Social Success*. Nova York: Touchstone, 2006.

LOVECKY, D. *Different Minds: Gifted Children with ADHD, Asperger's Syndrome, and Other Learning Deficits*. Londres: Jessica Kingsley, 2004.

MATLEN, Terry. *The Queen of Distraction: How Women with ADHD Can Conquer Chaos, Find Focus, and Get More Done*. Oakland, Califórnia: New Harbinger, 2014.

NADEAU, K.; QUINN, P. (Orgs.). *Understanding Women with ADHD*. San Diego: Advantage Books, 2002.

ORLOV, Melissa. *The ADHD Effect on Marriage*. Boca Raton, Flórida: Specialty Press/ADD WareHouse, 2010.

QUINN, P. *Coaching*. San Diego: Advantage Books, 2000.

RATEY, John J., M.D.; HAGERMAN, Eric. *Corpo ativo, mente desperta: a nova ciência do exercício físico e do cérebro*. Rio de Janeiro: Objetiva, 2012.

RICHARDSON, W. *The Link between ADD and Addiction*. Seattle: Piñon Press, 1997.

RIEF, S. F. *How to Reach and Teach Children with ADD/ADHD*. 2. ed. Hoboken, Nova Jersey: Jossey-Bass, 2005.

SCHULTZ, J. *Nowhere to Hide: Why Kids with ADHD and LD Hate School and What to Do about It*. Hoboken, Nova Jersey: Jossey-Bass, 2011.

SLEEPER-TRIPLETT, J. *Empowering Youth with ADHD: Your Guide to Coaching Adolescents and Young Adults, for Coaches, Parents, and Professionals*. Forest Lake, Minnesota: Specialty Press, 2010.

SOLDEN, Sari, M.S., LMFT. *Women with Attention Deficit Disorder*. 2. ed. Ann Arbor: Introspect Press, 2012.

SURMAN, C.; BILKEY, T. *Fast Minds: How to Thrive If You Have ADHD (or Think You Might)*. Nova York: Berkley Books, 2014.

TUCKMAN, A. *More Attention, Less Deficit: Success Stories for Adults with ADHD*. Boca Raton, Flórida: Specialty Press, 2009.

VAIL, Priscilla. *Smart Kids with School Problems: Things to Know and Ways to Help*. Nova York: Plume, 1989. A falecida Priscilla Vail, verdadeira pioneira e mulher excepcional, me apresentou ao mundo das diferenças de aprendizagem. Esse livro é um clássico, ao lado de outro de seus livros, *Emotion: The On- -Off Switch for Learning*.

WILENS, Timothy E., M.D. *Straight Talk about Psychiatric Medications for Kids*. 4. ed. Nova York: Guilford Press, 2016.

Bibliografia selecionada

INTRODUÇÃO

BARKLEY, Russell A., Ph.D. "Reduced Life Expectancy in ADHD". Entrevista. *Carlat Child Psychiatry Report,* Jan. 2020.

CAPÍTULO 1: UM ESPECTRO DE CARACTERÍSTICAS

BARKLEY, Russell A. *Taking Charge of ADHD: The Complete, Authoritative Guide for Parents.* 4. ed. Nova York: Guilford Press, 2020. (Um clássico do homem que, mais do que ninguém, estabeleceu o TDAH como uma doença real, que pode ser herdada, e de base biológica.)

BARKLEY, Russell A., Ph.D. *When an Adult You Love Has ADHD: Professional Advice for Parents, Partners, and Siblings.* Washington, DC: American Psychological Association Press, 2016.

HEDDEN, T.; GABRIELI, J. D. E. "The Ebb and Flow of Attention in the Human Brain". *Nature Neuroscience,* n. 9, p. 863-865, 2006. Disponível em: https://www.nature.com/articles/nn0706-863.

JACKSON, Maggie. *Distracted: Reclaiming Our Focus in a World of Lost Attention*. Amherst, Nova York: Prometheus Books, 2018.

MATLEN, Terry. *The Queen of Distraction: How Women with ADHD Can Conquer Chaos, Find Focus, and Get More Done*. Oakland, Califórnia: New Harbinger, 2014.

POOLE, Jim, M.D., FAAP. *Flipping ADHD on Its Head: How to Turn Your Child's "Disability" into Their Greatest Strength*. Austin, Texas: Greenleaf Book Group Press, 2020.

SOLDEN, Sari, M.S., LMFT. *Women with Attention Deficit Disorder*. 2. ed. Ann Arbor: Introspect Press, 2012.

SPIEGELHALTER, David. *The Art of Statistics: How to Learn from Data*. Nova York: Basic Books, 2019.

VAIL, Priscilla L. *Smart Kids with School Problems: Things to Know and Ways to Help*. Nova York: Plume, 1989. (Um clássico atemporal.)

CAPÍTULO 2: ENTENDA O DEMÔNIO DA MENTE

BOYATZIS, R. E.; ROCHFORD, K.; JACK, A. I. "Antagonistic Neural Networks Underlying Differentiated Leadership Roles". *Frontiers in Human Neuroscience*, n. 8, p. 114, 4 mar. 2014. Disponível em: https://www.frontiersin.org/articles/10.3389/fnhum.2014.00114/full.

CHAI, X. J.; OFEN, N.; GABRIELI, J. D. E.; WHITFIELD-GABRIELI, S. "Selective Development of Anticorrelated Networks in the Intrinsic Functional Organization of the Human Brain". *Journal of Cognitive Neuroscience*, v. 26, n. 3,

p. 501-513, mar. 2014. Disponível em: https://pubmed.ncbi.nlm.nih.gov/23812094/.

CHAI, X. J.; OFEN, N.; GABRIELI, J. D. E.; WHITFIELD-GABRIELI, S. "Development of Deactivation of the Default-Mode Network During Episodic Memory Formation". *NeuroImage*, v. 1, n. 84. p. 932-938, jan. 2014. Disponível em: https://pubmed.ncbi.nlm.nih.gov/24064072/.

KUMAR, J.; IWABUCHI, S. J.; VÖLLM, B. A.; PALANIYAPPAN, L. "Oxytocin Modulates the Effective Connectivity between the Precuneus and the Dorsolateral Prefrontal Cortex". *European Archives of Psychiatry and Clinical Neuroscience*. 7 fev. 2019. Disponível em: https://link.springer.com/article/10.1007/s00406-019-00989-z.

MATTFELD, A. T.; GABRIELI, J. D. E.; BIEDERMAN J.; SPENCER, T.; BROWN, A.; KOTTE, A.; KAGAN, E.; WHITFIELD-GABRIELI, S. "Brain Differences between Persistent and Remitted Attention-Deficit/Hyperactivity Disorder". *Brain*, n. 137 (parte 9), p. 2.423-2.428, set. 2014. Disponível em: https://pubmed.ncbinlm.nih.gov/24916335/.

RAICHLE, Marcus. "The Brain's Default Mode Network". *Annual Review of Neuroscience*, n. 38, p. 433-447, jul. 2015. Disponível em: https://www.annualreviews.org/doi/10.1146/annurev-neuro-071013-014030.

TRYON, Warren. *Cognitive Neuroscience and Psychology: Network Principles for a Unified Theory*. Cambridge, Massachusetts: Academic Press, 2014.

CAPÍTULO 3: A CONEXÃO DO CEREBELO

CHEVALIER, N.; PARENT, V.; ROUILLARD, M.; SIMARD, F.; GUAY, M. C.; VERRET, C. "The Impact of a Motor-Cognitive Remediation Program on Attentional Functions of Preschoolers with ADHD Symptoms". *Journal of Attention Disorders*, v. 21, n. 13, p. 1.121-1.129, nov. 2017. Disponível em: http://journals.sagepub.com/doi/abs/10.1177/1087054712468485.

GUELL, X.; GABRIELI, J. D. E.; SCHMAHMANN, J. D. "Embodied Cognition and the Cerebellum: Perspectives from the Dysmetria of Thought and the Universal Cerebellar Transform Theories". *Cortex*, n. 100, p. 140-148, Mar. 2018. Disponível em: https://pubmed.ncbi.nlm.nih.gov/28779872/.

SCHMAHMANN, Jeremy D. "The Cerebellum and Cognition". *Neuroscience Letters*, v. 688, p. 62-75, 1 jan. 2019. Disponível em: https://neuro.psychiatryonline.org/doi/full/10.1176/jnp.16.3.367.

SCHMAHMANN, Jeremy D. "Disorders of the Cerebellum: Ataxia, Dysmetria of Thought, and the Cerebellar Cognitive Affective Syndrome". *Journal of Neuropsychiatry and Clinical Neurosciences*, v. 16, n. 3, p. 367-378, 2004. Disponível em: https://neuro.psychiatryonline.org/doi/full/10.1176/jnp.16.3.367.

SCHMAHMANN, Jeremy D.; WEILBURG, J. B.; SHERMAN, J. C. "The Neuropsychiatry of the Cerebellum – Insights from the Clinic". *Cerebellum*, v. 6, n. 3, p. 254-267, 2007. Disponível em: https://link.springer.com/article/10.1080%2F14734220701490995.

CAPÍTULO 4: O PODER CURATIVO DA CONEXÃO

The Adverse Childhood Experiences Study. Disponível em: https://acestoohigh.com/2012/10/03/the-adverse-childhood-experiences-study-the-largest-most-important-public-health-study-you-never-heard-of-began-in-an-obesity-clinic/.

CHRISTAKIS, Nicholas A., M.D., Ph.D.; FOWLER, James H., Ph.D. *Connected: How Your Friends' Friends' Friends Affect Everything You Feel, Think, and Do.* Boston: Little, Brown, 2009.

HARDING, Kelli. *The Rabbit Effect: Live Longer, Healthier, and Happier with the Groundbreaking Science of Kindness.* Nova York: Atria Books, 2019.

"How Family Dinners Improve Students' Grades". Disponível em: https://www.ectutoring.com/resources/articles/family-dinners-improve-students-grades.

KUMAR, J.; IWABUCHI, S. J.; VÖLLM, B. A.; PALANIYAPPAN, L. "Oxytocin Modulates the Effective Connectivity between the Precuneus and the Dorsolateral Prefrontal Cortex". *European Archives of Psychiatry and Clinical Neuroscience*, 7 fev. 2019. Disponível em: https://link.springer.com/article/10.1007/s00406-019-00989-z.

LIEBERMAN, Matthew D. *Social: Why Our Brains Are Wired to Connect.* Nova York: Broadway Books, 2014.

MURTHY, Vivek H., M.D. *Together: The Healing Power of Connection in a Sometimes Lonely World.* Nova York: Harper Wave, 2020.

ROWE, John Wallis, M.D.; KAHN, Robert L., Ph.D. *Successful Aging*. Nova York: Pantheon, 1998.

VAILLANT, George. *Triumphs of Experience: The Men of the Harvard Grant Study*. Cambridge, Massachusetts: Belknap Press of Harvard University Press, 2015.

CAPÍTULO 5: ENCONTRE A DIFICULDADE CERTA

BLOOM, Benjamin S. *Developing Talent in Young People*. Nova York: Ballantine, 1985. (Um clássico.)

BROOKS, David. *The Road to Character*. Nova York, 2015.

HALLOWELL, Edward M., M.D. *Shine: Using Brain Science to Get the Best from Your People*. Cambridge, Massachusetts: Harvard Business Review Press, 2011.

KOLBE, Kathy. *Conative Connection: Uncovering the Link between Who You Are and How You Perform*. Phoenix, Arizona: Kolbe Corporation, 1997.

CAPÍTULO 6: CRIE AMBIENTES ESPETACULARES

CAMPBELL, T. Colin; CAMPBELL II, Thomas M. *The China Study: Revised and Expanded Edition: The Most Comprehensive Study of Nutrition Ever Conducted and the Startling Implications for Diet, Weight Loss, and Long-Term Health*. Dallas, Texas: BenBella Books, 2016.

FRATES, Beth, M.D., et al. *The Lifestyle Medicine Handbook: An Introduction to the Power of Healthy Habits*. Monterey, Califórnia: Healthy Learning, 2018.

MAGUIRE, Caroline, PCC, M.Ed. *Why Will No One Play with Me? The Play Better Plan to Help Children of All Ages Make Friends and Thrive*. Nova York: Grand Central Publishing, 2019.

VAILLANT, George E., M.D. *Aging Well: Surprising Guideposts to a Happier Life from the Landmark Harvard Study of Adult Development*. Boston: Little, Brown, 2003.

CAPÍTULO 7: MEXA-SE PARA SE CONCENTRAR, MEXA-SE PARA SE MOTIVAR: O PODER DO EXERCÍCIO FÍSICO

BREWER, J. A.; WORHUNSKY, P. D.; GRAY, J. R.; TANG, Y. Y.; WEBER, J.; KOBER, H. "Meditation Experience Is Associated with Differences in Default Mode Network Activity and Connectivity". *Proceedings of the National Academy of Sciences of the United States of America*, v. 108, n. 50, p. 20.254-20.259, 13 dez. 2011. Disponível em: https://pubmed.ncbi.nlm.nih.gov/22114193/.

CHEVALIER, N.; PARENT, V.; ROUILLARD, M.; SIMARD, F.; GUAY, M. C.; VERRET, C. "The Impact of a Motor-Cognitive Remediation Program on Attentional Functions of Preschoolers with ADHD Symptoms". *Journal of Attention Disorders*, v. 21, n. 13, p. 1.121-1.129, nov. 2017. Disponível em: http://journals.sagepub.com/doi/abs/10.1177/1087054712468485.

CHOU, C. C.; HUANG, C. J. "Effects of an 8-Week Yoga Program on Sustained Attention and Discrimination Function in Children with Attention Deficit Hyperactivity Disorder". *PeerJ*, jan. 2017; 5: e2883. Disponível em: https://pubmed.ncbi.nlm.nih.gov/28097075/.

HÖLZEL, B. K.; CARMODY, J.; VANGEL, M.; CONGLETON, C.; YERRAMSETTI, S. M.; GARD, T.; LAZAR, S. W. "Mindfulness Practice Leads to Increases in Regional Brain Gray Matter Density". *Psychiatry Research*, v. 191, n. 1, p. 36-4.330, jan. 2011. Disponível em: https://pubmed.ncbi.nlm.nih.gov/21071182/.

LEVIN, K. "The Dance of Attention: Toward an Aesthetic Dimension of Attention-Deficit". *Integrative Psychological and Behavioral Science*, v. 52, n. 1, p. 129-151, mar. 2018. Disponível em: https://link.springer.com/article/10.1007%2Fs12124-017-9413-7.

MAILEY, E. L.; DLUGONSKI, D., HSU, W.-W.; SEGAR, M. "Goals Matter: Exercising for Well-Being But Not Health or Appearance Predicts Future Exercise among Parents". *Journal of Physical Activity and Health*, v. 15, n. 11, p. 857-865, nov. 2018. Disponível em: https://journals.humankinetics.com/view/journals/jpah/15/11/article-p857.xml.

RATEY, John J., M.D.; HAGERMAN, Eric. *Corpo ativo, mente desperta: A nova ciência do exercício físico e do cérebro*. Rio de Janeiro: Objetiva, 2012.

SUAREZ-MANZANO, S.; RUIZ-ARIZA, A.; TORRE-CRUZ, M. de la; MARTÍNEZ-LÓPEZ, E. J. "Acute and Chronic Effect of Physical Activity on Cognition and Behaviour in Young People with ADHD: A Systematic Review of Intervention Studies". *Research in Developmental Disabilities*, n. 77, p. 12-23, jun. 2018. Disponível em: https://pubmed.ncbi.nlm.nih.gov/29625261/.

CAPÍTULO 8: MEDICAÇÃO: A FERRAMENTA MAIS PODEROSA QUE TODOS TEMEM

ALEXANDER, Bruce K. *The Globalization of Addiction: A Study in Poverty of the Spirit.* Nova York: Oxford University Press, 2008.

BIEDERMAN, J.; MONUTEAUX, M. C.; SPENCER, T.; WILENS, T. E.; MACPHERSON, H. A.; FARAONE, S. V. "Stimulant Therapy and Risk for Subsequent Substance Use Disorders in Male Adults with ADHD: A Naturalistic Controlled 10-Year Follow-Up Study". *American Journal of Psychiatry*, n. 165, p. 597-603, 2008. Disponível em: https://ajp.psychiatryonline.org/doi/10.1176/appi.ajp.2007.07091486.

CORTESE, S. et al. "Comparative Efficacy and Tolerability of Medications for Attention-Deficit Hyperactivity Disorder in Children, Adolescents, and Adults: A Systematic Review and Network MetaAnalysis". *Psychiatry*, v. 5, n. 9, p. 727-738, set. 2018. Disponível em: https://www.thelancet.com/journals/lanpsy/article/PIIS2215-0366(18)30269-4/fulltext.

FAY, T. B.; ALPERT, M. A. "Cardiovascular Effects of Drugs Used to Treat Attention-Deficit/Hyperactivity Disorder, Part 2: Impact on Cardiovascular Events and Recommendations for Evaluation and Monitoring". *Cardiology in Review*, v. 27, n. 4, p. 173-178, jul./ago. 2019. Disponível em: https://pubmed.ncbi.nlm.nih.gov/30531411/.

FOOTE, Jeffrey, Ph.D.; WILKENS, Carrie, Ph.D.; KOSANKE, Nicole, Ph.D. *Beyond Addiction: How Science and Kindness Help People.* Nova York: Scribner, 2014.

KOLAR, D.; KELLER, A.; GOLFINOPOULOS, M.; CUMYN, L.; SYER, C.; HECHTMAN, L. "Treatment of Adults with Attention-Deficit/Hyperactivity Disorder". *Neuropsychiatric Disease and Treatment*, v. 4, n. 1, p. 107-121, fev. 2008. Disponível em: https://pubmed.ncbi.nlm.nih.gov/18728745/.

POLLAN, Michael. *Como mudar sua mente: o que a nova ciência das substâncias psicodélicas pode nos ensinar sobre consciência, morte, vícios, depressão e transcendência*. Rio de Janeiro: Intrínseca, 2018.

SEDERER, Lloyd. *The Addiction Solution*. Nova York: Scribner, 2019.

SHAW, M.; HODGKINS, P.; CACI, H.; YOUNG, S.; KAHLE, J.; WOODS, A. G.; ARNOLD, L. E. "A Systematic Review and Analysis of Long-Term Outcomes in Attention Deficit Hyperactivity Disorder: Effects of Treatment and Non-Treatment". *BMC Medicine*, n. 10, p. 99, 4 set. 2012. Disponível em: https://bmcmedicine.biomedcentral.com/articles/10.1186/1741-7015-10-99.

SZALAVITZ, Maia. *Unbroken Brain: A Revolutionary New Way of Understanding Addiction*. Nova York: Picador, 2017.

WESTBROOK, A.; VAN DEN BOSCH, R.; MÄÄTTÄ, J. I.; HOFMANS, L.; PAPADOPETRAKI, D.; COOLS, R.; FRANK, M. J. "Dopamine Promotes Cognitive Effort by Biasing the Benefits Versus Costs of Cognitive Work". *Science*, v. 367, n. 6.484, p. 1.362-1.366, 20 mar. 2020. Disponível em: https://science.sciencemag.org/content/367/6484/1362.

WILENS, Timothy E., M.D. *Straight Talk about Psychiatric Medications for Kids*. 4. ed. Nova York: Guilford Press, 2016.

CONHEÇA ALGUNS DESTAQUES DE NOSSO CATÁLOGO

- Augusto Cury: Você é insubstituível (2,8 milhões de livros vendidos), Nunca desista de seus sonhos (2,7 milhões de livros vendidos) e O médico da emoção
- Dale Carnegie: Como fazer amigos e influenciar pessoas (16 milhões de livros vendidos) e Como evitar preocupações e começar a viver
- Brené Brown: A coragem de ser imperfeito – Como aceitar a própria vulnerabilidade e vencer a vergonha (600 mil livros vendidos)
- T. Harv Eker: Os segredos da mente milionária (2 milhões de livros vendidos)
- Gustavo Cerbasi: Casais inteligentes enriquecem juntos (1,2 milhão de livros vendidos) e Como organizar sua vida financeira
- Greg McKeown: Essencialismo – A disciplinada busca por menos (400 mil livros vendidos) e Sem esforço – Torne mais fácil o que é mais importante
- Haemin Sunim: As coisas que você só vê quando desacelera (450 mil livros vendidos) e Amor pelas coisas imperfeitas
- Ana Claudia Quintana Arantes: A morte é um dia que vale a pena viver (400 mil livros vendidos) e Pra vida toda valer a pena viver
- Ichiro Kishimi e Fumitake Koga: A coragem de não agradar – Como se libertar da opinião dos outros (200 mil livros vendidos)
- Simon Sinek: Comece pelo porquê (200 mil livros vendidos) e O jogo infinito
- Robert B. Cialdini: As armas da persuasão (350 mil livros vendidos)
- Eckhart Tolle: O poder do agora (1,2 milhão de livros vendidos)
- Edith Eva Eger: A bailarina de Auschwitz (600 mil livros vendidos)
- Cristina Núñez Pereira e Rafael R. Valcárcel: Emocionário – Um guia lúdico para lidar com as emoções (800 mil livros vendidos)
- Nizan Guanaes e Arthur Guerra: Você aguenta ser feliz? – Como cuidar da saúde mental e física para ter qualidade de vida
- Suhas Kshirsagar: Mude seus horários, mude sua vida – Como usar o relógio biológico para perder peso, reduzir o estresse e ter mais saúde e energia

sextante.com.br